Pedro Calderón de la Barca

Las tres justicias en una

Barcelona **2024**
Linkgua-ediciones.com

Créditos

Título original: Las tres justicias en una.

© 2024, Red ediciones S.L.

e-mail: info@Linkgua-ediciones.com

Diseño de cubierta: Michel Mallard.

ISBN tapa dura: 978-84-1126-233-0.
ISBN rústica: 978-84-9816-443-5.
ISBN ebook: 978-84-9953-291-2.

Sumario

Créditos _____ **4**

Brevísima presentación _____ **7**
    La vida _____ 7

Personajes _____ **8**

Jornada primera _____ **9**

Jornada segunda _____ **49**

Jornada tercera _____ **95**

Libros a la carta _____ **137**

Brevísima presentación

La vida

Pedro Calderón de la Barca (Madrid, 1600-Madrid, 1681). España.

Su padre era noble y escribano en el consejo de hacienda de rey. Se educó en el colegio imperial de los jesuitas y más tarde entró en las universidades de Alcalá y Salamanca, aunque no se sabe si llegó a graduarse.

Tuvo una juventud turbulenta. Incluso se le acusa de la muerte de algunos de sus enemigos. En 1621 se negó a ser sacerdote, y poco después, en 1623, empezó a escribir y estrenar obras de teatro. Escribió más de ciento veinte, otra docena larga en colaboración y alrededor de setenta autos sacramentales. Sus primeros estrenos fueron en corrales.

Lope de Vega elogió sus obras, pero en 1629 dejaron de ser amigos tras un extraño incidente: un hermano de Calderón fue agredido y, éste al perseguir al atacante, entró en un convento donde vivía como monja la hija de Lope. Nadie sabe qué pasó.

Entre 1635 y 1637, Calderón de la Barca fue nombrado caballero de la Orden de Santiago. Por entonces publicó veinticuatro comedias en dos volúmenes y La vida es sueño (1636), su obra más célebre. En la década siguiente vivió en Cataluña y, entre 1640 y 1642, combatió con las tropas castellanas. Sin embargo, su salud se quebrantó y abandonó la vida militar. Entre 1647 y 1649 la muerte de la reina y después la del príncipe heredero provocaron el cierre de los teatros, por lo que Calderón tuvo que limitarse a escribir autos sacramentales.

Calderón murió mientras trabajaba en una comedia dedicada a la reina María Luisa, mujer de Carlos II el Hechizado. Su hermano José, hombre pendenciero, fue uno de sus editores más fieles.

En su visión trágica de la vida Calderón tiene la certeza de que los hombres arrastran consigo los pecados ajenos. Esta imagen moral y cristiana aparece en varias obras suyas.

En *Las tres justicias* la tragedia reside en que los pecados cometidos atentan contra quienes los cometen.

Personajes

Acompañamiento
Bandoleros
Beatriz, criada
Criados
Don Guillén de Azagra, galán
Don Lope de Urrea, hijo
Don Lope de Urrea, viejo, padre del antecedente
Don Mendo Torrellas, viejo
Doña Blanca, dama
Doña Violante, dama
Elvira, criada
Rey don Pedro de Aragón
Vicente, criado

Jornada primera

(Suena dentro un arcabuzazo, y salen don Mendo y doña Violante, retirándose de cuatro bandoleros que los siguen, y Vicente entre ellos.)

Mendo   Bárbaro escuadrón fiero,
ni del plomo el horror, ni del acero
el golpe repetido,
antes que muerto, me verán vencido;
porque no dan a mi valor recelos
ni el morir ni el vivir.

Violante   ¡Socorro, cielos!

Bandolero I   Si ves esta montaña,
que desde su eminencia a su campaña
al pasajero advierte
mil funestos teatros de la muerte,
¿cómo, aunque a Marte en el valor imitas,
de tantos defenderte solicitas?

Vicente   Esa rara hermosura,
que del Sol desvanece la luz pura,
hoy, con mejor empleo,
de nuestro capitán será trofeo.

Mendo   Primero que ofendida
esta beldad se vea, de mi vida
triunfará vuestra saña rigurosa.
Diga después la fama presurosa
que si no fui bastante a defendella,
bastante fui para morir por ella.

Bandolero II   Eso será bien presto.

Violante	¡Ay infeliz!
Mendo	Pues ¿qué esperáis?

(Sale don Lope hijo, de bandolero.)

Lope hijo	¿Qué es esto?

Vicente

En este monte hallamos
entre los laberintos y los ramos,
que inculta fabricó la primavera,
defendiéndose al Sol, de una litera
a esa dama apeada,
de pequeña familia acompañada.
Así como nos vieron,
los criados huyeron;
y solo aquese anciano es quien pretende
librarla, y de nosotros la defiende.

Lope hijo

Pues ¿cómo contra tantos, dime, piensa
no hallar tu esfuerzo inútil la defensa?

Mendo

Señor, si yo intentara
vivir, locura fuera, cosa es clara;
pero como no intento
sino morir, no es loco atrevimiento.
Y ya que tu venida
es última sentencia de mi vida,
de tu rigor a tu rigor apelo,
no te pido piedad.

(Arrodíllase.)

10

Lope hijo	Alza del suelo;
	que el primer hombre has sido
	que a compasión mi cólera ha movidc.
	¿Es la dama, que va en tu compañía,
	tu esposa?
Mendo	No, señor, sino hija mía.
Violante	Y tan hija, en efeto,
	de su valor, su sangre y su respeto
	que, si aquí con su muerte
	presumes de mi vida dueño hacerte,
	no podrás; pues primero
	que lo consigas, a faltarme acero,
	siendo mis manos de mi cuello lazos,
	ahogada me verás o hecha pedazos,
	cuando desesperada
	caiga del monte al valle despeñada.
Lope hijo	Peregrina belleza,
	convalezca del susto la tristeza;
	que, aunque ella hubiera dado
	disculpa a lo cruel, a lo obstinado
	de mi vida, ella ha sido
	también la que mi acción ha suspendido,
	siendo el primero efeto
	que vi en mí de piedad y de respeto.
	¿Adónde es tu camino?
Mendo	A Zaragoza voy, donde imagino
	que podrá ser que la persona mía
	te pague estas piedades algún día.
Lope hijo	Pues ¿quién eres?

Mendo   Don Mendo
                         Torrellas me apellido. Al rey sirviendo,
                         don Pedro de Aragón, gran tiempo he estado
                         en Francia, Roma, y Nápoles; llamado
                         de él hoy vuelvo a la corte,
                         a hacerlo en lo que más mi vida importe;
                         donde te doy palabra, si te ha puesto
                         algún fracaso en esto
                         de vivir de esta suerte,
                         de ampararte y valerte,
                         trocando mis servicios
                         a tu perdón, y al mundo dando indicios
                         de que el alma te queda agradecida,
                         deudora del honor y de la vida.

Lope hijo   La palabra aceptara
                         cuando de mis locuras esperara
                         el perdón que me ofreces;
                         pero a la muerte estoy dos o tres veces,
                         por travesuras mías, condenado
                         —si bien ninguna ruin— con que he llegado
                         a la desconfianza
                         de dejarme vivir sin esperanza,
                         haciendo más insultos cada día;
                         que es la desdicha mía
                         tal que guardarme haciendo solicito
                         sagrado de un delito otro delito.

Mendo   No tanto de tu vida desconfíes;
                         que como aquí de mi verdad te fíes,
                         bien podrá ser que sea
                         yo parte a tu perdón; y porque vea
                         el mundo que a mi aumento te prefieres,

dime, joven, ¿quién eres?
Que al rey no pediré merced alguna
hasta ver mejorada tu fortuna.

Lope hijo   Aunque es vano tu intento
—todos os retirad— estáme atento.

(Vanse los Bandoleros.)   Yo, generoso don Mendo,
soy don Lope de Urrea, hijo
de Lope de Urrea. Así fueran
mis costumbres como han sido
ilustres mi nacimiento
y mi sangre.

Mendo   Yo lo afirmo;
si bien no valdrá mi voto,
que amigos un tiempo fuimos
don Lope y yo, con que ya
más justamente me obligo
a hacer por vos cuanto pueda.

Lope hijo   Antes, señor, imagino
que ya por mí no haréis nada;
porque siendo vos amigo
de mi padre, y él a quien
hoy tienen tan ofendido
mis locuras, tan quejoso
mis costumbres, tan mohino
mis travesuras, y en fin
tan pobre mis desvaríos,
bien, siendo su amigo, infiero
que no querréis serlo mío;
aunque, si de disculparme
tratara, yo os certifico
que pudiera, pues él fue

de mis desdichas principio.

Mendo ¿De qué suerte?

Lope hijo De esta suerte.

Mendo Decid; que holgaré de oírlo.

Violante (Aparte.) (Ya poco a poco en mí va
cobrando el aliento brío.)

Lope hijo Mi padre, según después
acá mil veces he oído,
desde sus primeros años,
o fuese virtud o vicio,
aborreció el casamiento;
pero juzgando perdido
un mayorazgo en su casa
tan noble, ilustre y antiguo,
a persuasión de sus deudos
o a persuasión de sí mismo,
tomó en su mayor edad,
contra el natural motivo
de su inclinación, estado;
para cuyo efecto hizo
elección de igual nobleza,
virtud grande y honor limpio;
si bien halló en una parte
engañado su albedrío,
que fue la desigualdad
de la edad, habiendo sido
doña Blanca Sol de Vila
de quince años no cumplidos
su esposa, cuando ya en él

14

nevaba el invierno frío
helados copos, que son
caducas flores del juicio.

Mendo
(Aparte.)

    Ya lo sé; y ¡pluguiera al cielo
no lo supiese! (Prolijos
discursos, ¿qué me queréis?)
Proseguid, pues.

Lope hijo

             Ya prosigo.
Resistió ella el casamiento,
quizá habiendo conocido
cuánto en las desigualdades
está violento el cariño;
mas como las principales
mujeres nunca han tenido
propia elección, hizo ella
de la suya sacrificio.
Casóse forzada, en fin,
de sus padres. ¡Ay, delirio
de la conveniencia! ¿Qué
te falta para homicidio?
Él con poca inclinación
al estado recibido,
y con poco gusto ella,
imaginad discursivo
ahora vos ¿de qué humores
compuesto nacería hijo,
que nacía para ser
concepto de amor tan tibio?
Bien pensaron que yo fuera,
como otros hijos han sido,
la nueva paz de los dos;
mas tan al revés lo vimos

que de los dos nueva guerra
fui por afectos distintos,
de amor que engendré en mi madre,
y de odio en el padre mío.
Contra la naturaleza,
ni un instante bien me quiso,
aborreciéndome aun cuando
son los enfados hechizos.
Crióme sin algún maestro,
cuyo desorden me hizo
más libre de lo que fuera,
a tener mis desatinos
quien los corrigiera, puesto
que al más cruel, más esquivo
bruto tratable le hacen
o el halago o el castigo.
Apenas, pues, el discurso
me dio primeros avisos
de las luces racionales
cuando, viéndome tan mío,
di en acompañarme mal,
sin que supiesen reñirlo
ni de mi madre el amor
ni de mi padre el olvido.
Con estas licencias, pues,
desbocado mi albedrío
corrió sin rienda ni freno
la campaña de los vicios.
Mujeres y juegos fueron
los mejores ejercicios
de mi vida, sobre quien
creciendo iba el edificio
de mis años. Mirad vos
fábricas que en su principio

titubean, cuánto están
fáciles al precipicio.
Al cabo de muchos días,
que ya estaba yo perdido,
porque ya en mí habían ganado
las libertades dominio,
cayó en mi mala enseñanza
y sin ley ni tiempo quiso
tarde enderezar el tronco
que había dejado él mismo
sobre vicio en las raíces
nacer y crecer torcido.
Bien confieso que quisiera
yo agradarle; mas si os digo
la verdad, nunca acerté
a hacer cosa que él me dijo.
Tolerándonos, en fin,
el uno al otro, vivimos
siempre opuestos, siendo siempre
los dos eterno martirio
de mi madre, que hasta hoy
vive el corazón partido
en dos mitades, teniendo
con él una, otra conmigo;
tanto que, si alguna noche
disfrazado a verla he ido
—porque no tienen sus penas
ni mis penas otro alivio—
ha sido dándome llave
para entrar tan escondido
que mi padre no me sienta.
¿Quién en el mundo habrá visto
que el digno amor de una madre
y de un hijo el amor digno

hayan puesto a la virtud
la máscara del delito?
Y en fin, para que lleguemos
de una vez al más esquivo
suceso de las fortunas
que a este estado me han traído,
dejando juegos, amores,
pendencias y desafíos,
que a los dos nos tienen hoy,
a él pobre y a mí malquisto,
sabréis que junto a mi casa
vivió una dama; mal digo,
que no era sino un milagro
de la hermosura, un prodigio
de la discreción, en quien
generosamente unidos
los extremos compusieron
aquellos bandos antiguos
que la perfección partió
en lo discreto y lo lindo.
Servíla, siendo los medios
de mi amor en los principios
mudas señas que después,
convertidas en suspiros,
pasaron a ser conceptos
bien pensados y mal dichos.
Signifiquéla mis penas
en mil papeles escritos
que, introduciéndose leves
en sus piadosos oídos,
ganaron para la voz
algún aplauso de finos;
tal vez que, siendo la noche
de mis finezas testigo,

me oyó quejar a sus rejas,
dándose ellas a partido
con su pecho, pues sus hierros,
limados del dolor mío,
consecuencia a sus rigores
hicieron enternecidos.
Oyóme, pues; con que entiendo
que de una vez os he dicho
que agradecida a mis males
se mostró; porque es preciso
que se conceda a estimarlos
la que no se niega a oírlos.
De aqueste favor primero
ufano y desvanecido,
alimenté la esperanza
algún tiempo, hasta que quiso
amor que a su mayor dicha
volasen mis atrevidos
pensamientos. ¡Oh, qué mal
dicha la llamo, si miro
que en el imperio de amor
es tan tirano el dominio
que hasta el cuerpo de la dicha
es la sombra del peligro!
Entré en su casa, en efecto,
habiendo antes precedido
mil juramentos, mil votos
que sería su marido.
¡Oh, qué fácil es hacerlos!
¡Oh, qué difícil cumplirlos!
Pues apenas mi amor hubo
su hermosura conseguido,
cuando se quitó la venda
y vio en cristal menos limpio

que, aunque era hermosa, era fácil.
¡Oh, honor, fiero basilisco,
que, si a ti mismo te miras,
te das la muerte a ti mismo!
De una parte enamorado,
y de otra arrepentido,
cuanto su hermosura amaba
tanto aborrecía su estilo.
Y así, por lograr aquélla
sin este temor, previno
mi ingenio, con las disculpas
de ser de familias hijo,
dar largas a sus deseos,
hasta que, habiendo caído
ella en que las dilaciones
eran supuesto artificio,
mañosamente me dio
a entender que había creído
la ocasión, sin que pudiese,
ni aun en el menor desvío,
conocer jamás que estaba
doble su intención conmigo.
Tenía un hermano fuera
de Zaragoza, bandido,
porque con alevosía
había muerto a un hombre rico.
Este, pues, llamado de ella,
desde las montañas vino;
y teniéndole en su casa
secretamente escondido,
le dio cuenta del estado
de su honor. Él, ofendido,
para sus intentos trajo
dos camaradas consigo.

Yo, con la seguridad
que otras noches había ido
a verla, fui aquella noche,
y apenas sus cuadras piso
cuando de los tres me veo
traidoramente embestido,
tan a un tiempo que tres puntas
con solo un reparo libro;
y calando una pistola
de que ellos por el ruido
no debieron de valerse,
di...

(Ruido dentro.)

Unos   ¡Al valle!

Otros   ¡Al monte!

Todos   ¡Al camino!

(Sale Vicente.)

Mendo   ¿Qué es esto?

Vicente   ¡Señor!

Lope hijo   Di presto.

Mendo   ¿Qué tráeis?

Violante   ¿Qué ha sucedido?

Vicente   Que los criados que huyeron

de aquese lugar vecino
la justicia han convocado,
 y en busca nuestra ha salido.

Lope hijo   Pues ia la montaña!

Mendo   A ella
os retirad. Yo me obligo
a que no os sigan, saliendo
al paso; y de nuevo afirmo
que os cumpliré mi palabra.

Lope hijo   Yo os la tomo.

Mendo   Solo os pido
que alguna prenda me deis,
por si a buscaros envío,
que pase libre el que venga.

Lope hijo   No hallo en todo el poder mío
prenda ninguna que daros.
Mas... tomad este cuchillo
de monte; seguro viene
quien le trajere consigo.

Mendo   ¿Cuchillo me dais?

Lope hijo   ¿Qué puedo
dar yo que no sea ministro
de la muerte?

Mendo   Yo le acepto
para embotarle los filos.

Lope hijo	Tomad, y adiós.
Mendo	Id con Dios.
Lope hijo	¡Ay de mí infeliz!
Mendo	¿Qué ha sido?
Lope hijo	Con la turbación, al darle, me herí la mano; y si os miro con él en la vuestra, tiemblo; porque aunque no vengativo contra mi vida os mostréis...
Mendo	Mirad que es vago delirio de la turbación; que yo...
Voces (Dentro.)	¡Al monte, al valle, al camino!
Vicente	Ya se vienen acercando.
Violante	No aguardéis más, sino idos; que está viendo vuestro riesgo pendiente el alma de un hilo.
Lope hijo (Aparte.) (Vase.)	Por vuestro cuidado huyo, antes que por mi peligro. (¡Ay, ilusión, qué de cosas en un instante hemos visto!)
Mendo	Porque adelante no pasen, salgamos a recibirlos.

(Aparte.)   (¡Ay, qué de cosas, Fortuna,
                                  a la memoria has traído!)

(Vase.)

Violante (Aparte.)   (En toda mi vida vi
                          tan amables los delitos.
                          ¡Ay, discurso, qué de cosas
                          llevo que pensar conmigo!)

(Vase. Salen don Guillén y Lope de Urrea (padre).)

Guillén   Habiendo yo amigo sido
                                  desde nuestra edad primera
                                  de don Lope, mal hiciera,
                                  hallándoos tan afligido,
                                    en no saber si mandáis
                                  algo. ¿En qué serviros puedo?

Lope padre   Muy agradecido quedo
                                  al favor que me mostráis.
                                    Y ¿cuánto ha que habéis venido:

Guillén   Ayer entré en Aragón;
                                  siguiendo una pretensión
                                  de Nápoles he venido.

Lope padre   Yo hablar hoy al rey quisiera,
                                  aunque él que me dé no creo
                                  lo que yo busco y deseo.

Guillén   Pues ya el rey sale aquí fuera.

(Sale el Rey y acompañamiento.)

Lope padre	Señor invicto, yo soy Lope de Urrea, de quien tenéis noticia.
Rey	Está bien.
Lope padre	No vengo a pediros hoy lo que en otros memoriales muchas veces os pedí; que hoy, señor, me traen aquí más consolado mis males. Que me escuchéis os suplico humilde, a esos pies echado.
Rey	Decid.
Lope padre	Confuso y turbado mi dolor os significo. Don Lope de Urrea, mi hijo, palabra a una dama dio de esposo; y porque temió
(Aparte.)	(¡cuánto en decirlo me aflijo!) mi disgusto, por haber sido sin licencia mía, dilataba de día en día recibirla por mujer. Ella, presumiendo que era desprecio, y recato no, a un hermano suyo dio de ello cuenta; de manera que, cogiéndole encerrado, él y otros dos que vinieron con él matarle quisieron.

El mancebo es alentado
   y, no pudiendo sufrir
tan sobrada demasía,
se arrojó su bizarría
con todos tres a reñir.
   Uno mató. En caso igual
la ley le disculpa; pues
aun entre los brutos es
la defensa natural.
   Salió a la calle en efeto,
adonde un ministro hirió
de justicia. Si ofendió
en esto vuestro respeto,
   ved que más delito hiciera
si tan poco la estimara
que de ella no se guardara,
y delincuente no huyera.
   Confieso que en la campaña
mejor estaría sirviendo
que, mayor su culpa haciendo,
forajido en la montaña.
   Pero ya sabéis que ha sido
duelo siempre en Aragón
no huir los que nobles son
donde hay linaje ofendido.
   En efecto la mujer,
que en tan adversa fortuna
dos veces parte es, la una
por la palabra de ser
   su esposo, y la otra, señor,
por ser hermana del muerto,
quiere en más seguro puerto
tomar estado mejor;
   y uno y otro apartamiento

piadosa me remitió,
con que la dé el dote yo,
para entrarse en un convento.
    Y aunque es verdad que yo estoy
tan pobre que he menester
buscarlo para comer,
enajenándome hoy
    de la poca hacienda mía,
no solo el dote la he dado,
mas renta la he situado;
tanto que este mismo día
    de mis casas me he salido
al cuarto más pobre de ellas,
para don Mendo Torrellas,
por cumplir lo prometido.
    Suplícoos, a vuestros pies
una y mil veces postrado,
que, pues ya el perdón ganado
de la parte, solo es
    parte vuestro real poder,
alcance en esta ocasión
para mi hijo el perdón
que ha llegado a merecer,
    si no por sí ni por mí,
por tantos abuelos claros
que con nobles hechos raros
os lo están pidiendo aquí.
    Volved a aquesas historias
los ojos, señor; veréis
mil héroes, a quien debéis
tantos triunfos, tantas glorias.
    Duélaos esta nieve, viendo
que al pronunciar mis enojos,
con el llanto de mis ojos

la está el amor derritiendo.
   Y si el afecto de un padre
no merece un perdón real,
duélaos una principal
mujer, su infelice madre,
   muerta de pena y dolor.
Por quien sois me permitid
aquesta gracia.

Rey   Acudid
a mi Justicia Mayor.

Lope padre   Bien mi corta suerte indicia
que es forzosa mi desgracia,
pues cuando os pido una gracia,
me enviáis a la justicia.

Rey   Si ante ella pasa el proceso
de los delitos, ¿no es bien
que ante ella conste también
el perdón?

Lope padre   Yo lo confieso;
     mas vaco ese cargo está.
Por muerte de don Ramón
no hay Justicia de Aragón.

Rey   Sí hay; que hoy se publicará.

Lope padre   Mis lágrimas y suspiros
os merezcan tanto bien.

Rey (Aparte.)   (¡Oh afectos de padre! ¿Quién
no se enternece de oíros?)

(Vanse el Rey, don Guillén y acompañamiento.)

Lope padre   ¡Oh precisa obligación
de un noble y honrado pecho,
qué de cosas habéis hecho
por la pública opinión
   del vulgo, sin el afecto
de un puro amor paternal!
No digo que quiero mal
a Lope, pero en efecto
   con más agrado o más gusto
estas finezas hiciera
si a su amor se las debiera;
mas por Blanca todo es justo,
   porque la quiero de suerte,
aunque ella juzga que no,
que, por darla gusto yo,
tuviera en poco la muerte.

(Suena dentro ruido.)   Mas ¿quién tan acompañado
entrar en palacio ven
mis ojos? Mendo es, de quien
fui amigo un tiempo pasado.
   Bien excusarme quisiera
de que me mirara así;
pero habiendo —¡ay de mí!—
de vivir —¡vergüenza fiera!—
   en mis casas, mal podré
huir su conversación.
Pero ya no es ocasión
de hablarle ahora; porqué,
   habiendo el rey entendido
como llega a su presencia,
a la sala de la audiencia

segunda vez ha salido.

(Salen el Rey por una parte, y por otra don Mendo y acompañamiento.)

Mendo

Vuestras plantas, gran señor,
una y mil veces me dad.

Rey

Don Mendo, del suelo alzad;
alzad, Justicia Mayor
  de Aragón.

Mendo

La mano os beso;
y bien la habré menester
ahora, para poder
levantarme con el peso
  que al cuello me habéis echado.
Vida los cielos os den.

Rey

¿Cómo venís?

Mendo

Como quien
viene a verse tan honrado
  de vos.

Rey

Cansado vendréis;
idos, Mendo, a descansar;
mañana venidme a hablar,
donde el intento sabréis,
  estando a solas los dos,
con que traeros prevengo
a la corte, donde tengo
mucho que fiar de vos.

Mendo

Vuestra es el alma y la vida,

y, a vuestras plantas postrada,
nunca mejor empleada.

(Vanse el Rey y acompañamiento.)

Lope padre
Si tarde el noble se olvida
    de lo que un tiempo estimó,
testigo, don Mendo, sea
honrar a Lope de Urrea.

Mendo
Mal pudiera olvidar yo
    precisas obligaciones
que a nuestra amistad confieso.

Lope padre
    La mano, señor, os beso,
y ya con dos atenciones;
    una, por recién venido,
ufano de que vengáis
a mi casa, en que seáis
de mí y de Blanca servido;
    y otra porque, habiéndoos hecho
de Aragón Justicia hoy,
vuestro pretendiente soy.

Mendo
Bien estaréis satisfecho
    que os sirva.

Lope padre
                    Este memorial,
aun antes de haber venido,
el rey os ha remitido.

Mendo
Vuestro amigo soy leal,
    y creed que en todo estado
no he de faltaros jamás.

Lope padre	Un hijo mío...
Mendo	No más; de todo estoy informado; y estimo ver el dolor con que os hallo; que tenía noticias de que os debía vuestro hijo poco amor.
Lope padre	A muchos, señor, parece que es mi pecho tan cruel; mas lo que no hago por él es porque él no lo merece. Por sus muchas travesuras estoy de todos mal visto, por sus delitos mal quisto y pobre por sus locuras.

Mendo	No, no os tenéis que afligir;
	que pues yo me hallo en lugar
	adonde ya puedo dar
	lo que había de pedir,
	  de su fortuna cruel
	juzgad que ya mejoró,
	pues la vida que me dio
	hoy puedo dársela a él.
	  Esto sabréis más despacio.
	Vamos a casa; que allá
	todo bien se dispondrá.
	Salgamos, pues, de palacio;
	  que, dejando hoy a Violante,
	mi hija, me adelanté,
	y cuidadoso, porqué

soy su padre y soy su amante,
estoy de si habrá llegado.

Lope padre   Mucho me alegro que venga
con salud adonde tenga
a su servicio el cuidado
   de Blanca, mi esposa bella,
en quien vos conoceréis
una esclava a quien mandéis.

Mendo   Yo estimaré conocella,
   por deuda y señora mía.

(Aparte.)   (¡Oh quién pudiera excusar,
cielos, haber de llegar
a ver a Blanca este día!)

(Vanse. Salen doña Violante en traje de camino por un lado, y por otro doña Blanca.)

Blanca   Felice yo, que tan bella
huéspeda tener merezco,
adonde la pueda estar
a todas horas sirviendo.
A daros la bienvenida
y a ver en qué ayudar puedo,
Violante, a vuestras criadas
pasé de mi cuarto al vuestro.

Violante   La felicidad es mía;
pues cuando extranjera vengo
a Aragón, puedo decir
que en él he hallado mi centro.
Perdonadme de que os tenga
en este recibimiento

que divide los dos cuartos,
que no os digo que entréis dentro,
porque revuelto está todo.

Blanca   Vos tenéis la culpa deso,
no los criados, porque
no os esperaban tan presto.

Violante   A mí me pareció tarde;
que no vi la hora, os prometo,
de verme desotra parte
de la montaña, temiendo
segundo riesgo a mi vida.

Blanca   Luego ¿hubo primero riesgo?

Violante   Y tan grande que le estoy
en el alma padeciendo
(Aparte.)   hasta ahora (pues ahora
aun más que entonces le siento).

Blanca   ¿Cómo así?

Violante   Por defenderme
del Sol, que con sus reflejos
sañudamente talaba
la campaña a sangre y fuego,
me apeé de la litera
en un verde sitio ameno,
plaza de armas de las flores,
pues, fortificadas dentro
de los reductos y fosos
de un arroyo, no temieron
ni del Sol las baterías

ni las correrías del cierzo,
cuando del seno del monte
cuatro o seis hombres salieron,
que de mi honor y la vida
de mi padre hacerse dueños
intentaron, cuya acción
lograra su atrevimiento,
si a este tiempo no llegara
un bandido caballero,
joven, galán y brioso,
que liberal...

(Llora doña Blanca.)   Mas ¿qué es esto?
¿De qué lloráis?

Blanca   De que estoy
vuestras fortunas oyendo,
con lástima de las mías.
Proseguid.

Violante   Daros no quiero
ocasión con mis pesares
para que sintáis los vuestros.

Blanca   ¿Vio vuestro padre a ese joven
que tan gallardo y atento
pintáis?

Violante   Y de él recibió
vida y honor por lo menos.

Blanca (Aparte.)   (¡Mal haya él, por que no hizo
en mi venganza escarmientos
al mundo de...! Mas ¿qué digo?
¡Jesús mil veces! ¿Qué es esto?)

Loca estuve; perdonadme,
porque traigo un sentimiento
tan en el alma arraigado
que me priva por momentos
del juicio. Y no os espantéis,
señora, de mis extremos,
que ese joven hijo es mío,
y nos tienen sus sucesos,
a él sin ventura y a su padre
sin amor, y a mí sin seso.

Violante   Aunque él nos dijo quién era,
no pudo mi entendimiento,
con la turbación, entonces
percibir tan por extenso
los nombres que haya podido
aquí prevenir el serlo,
que en él no os hubiera hablado.

(Salen don Mendo y don Lope padre.)

Lope padre   Abricias pedirte puedo,
Blanca; que hoy se entran en casa
las dichas y los contentos.

Blanca   Harto será, porque ha días
que no la saben.

Lope padre   Muy necio
anduve. Dadme, señora,
la mano, que humilde os beso,
y perdonadme. Tú, Blanca,
sabrás que el señor don Mendo,
nuestro huésped, que ésta es una

36

de las dichas, es del reino
Justicia Mayor, y a él,
que es la otra, del rey vengo
para el perdón de don Lope
remitido.

Blanca (Aparte.)   (¡Sufrimiento,
aquí os he menester todo!)
Mucho, señor, agradezco
a mi suerte que vengáis
donde puedan mis deseos
serviros; que, en cuanto a mi hijo,
vos sois quien sois, y yo pienso
que estáis en obligación
de ampararle por vos mesmo,
según Violante me ha dicho,
de una deuda en que os ha puesto.

Mendo   Siempre, Blanca, he de serviros
por él y por vos a un tiempo;
que no juzgo que ignoráis
la obligación que yo os tengo.

(Sale Elvira.)

Elvira   Ya, señora, está tu cuarto
aderezado y compuesto.

Violante   Perdonadme, Blanca, y dadme
licencia, porque deseo
descansar.

Blanca   Si me la dais
vos a mí, os iré sirviendo.

Lope padre   A mí, por viejo, me toca
                    la obligación de escudero.

Violante   Por dueño de casa yo
                    la aceptaré, si la acepto.
                    Quedad con Dios.

Blanca   Él os guarde.

Violante (Aparte.)   (¡A batallar, pensamientos,
                    con esta víbora que,
                    dándome vida, me ha muerto!)

Mendo   Si esa licencia os permito,
                    es porque pagarla puedo,
                    acompañando yo a Blanca.

(Vase don Lope padre, llevando a doña Violante de la mano.)

(Aparte.)   (Antes que ella me hable, quiero
                    salir al paso a sus quejas.)

Blanca (Aparte.)   (¡Aquí de todo mi esfuerzo!)
                    ¿Dónde vais?

Mendo   Sirviéndoos voy.

Blanca   No, señor, quedaos.

Mendo   El cielo
                    sabe cuánto deseaba
                    esta ocasión.

Blanca	¿A qué efecto, si vos no habéis de tener conmigo segundo intento?
Mendo	A efecto de decir cuánto hallaros con penas siento, si bien podréis responderme que no las extrañe, puesto que con ellas os dejé.
Blanca	Ni lo uno ni lo otro entiendo. ¿Vos a mí con penas? ¿Cuándo o cómo, que no me acuerdo? Ni pienso que os vi en mi vida.
Mendo	¡Ay, Blanca!
Blanca	Señor don Mendo, plática no prosigáis que ha empezado por afecto. Si alguna memoria acaso confusamente os ha hecho equivocaros conmigo, pues la sepulta el silencio, el silencio la consuma; y al cabo de tanto tiempo olvidaos vos de todo; que yo de nada me acuerdo.
Mendo	¡Oh qué cuerdamente, Blanca, os ayudáis del ingenio!
Blanca	No sé por qué lo decís.

Mendo	Yo sí.
Blanca	Pues no hablemos de ello.
Mendo	Yo me doy por advertido; y si es que he de obedeceros, ¿cómo lo he de hacer?
Blanca	Callando.
Mendo	¿Cómo se calla?
Blanca	Sufriendo.
Mendo	¿Sabré yo?
Blanca	Aprended de mí.
Mendo	¿Con qué medio?
Blanca	Este es el medio.
Mendo	Decidle.
Blanca	¡Beatriz!

(Sale Beatriz.)

Beatriz	¿Señora?
Blanca (Aparte.)	Alumbra al señor don Mendo. (Esto es quitar ocasiones.)
Mendo (Aparte.)	(No es sino añadir tormentos.)

(Vanse. Salen Elvira con luz y doña Violante destocándose.)

Violante   Cierra esas puertas, Elvira,
                  y si preguntare luego
                  mi padre acaso por mí,
                  dile que ya estoy durmiendo;
                  que no quiero que me hable
                  él ni nadie; solo quiero
                  la soledad por amiga.

Elvira   Notables son tus extremos.

Violante   Pues aun no los he pintado,
                  Elvira, como los siento.
                  Ayúdame a destocar;
                  ve esos vestidos poniendo
                  sobre ese bufete.

Elvira   En fin,
                  ¿que no son los bandoleros
                  tan fieros como los pintan?

Violante   Tal es la aprehensión que tengo
                  de su talle, rostro y voz,
                  que desecharle no puedo
                  de mi memoria; de suerte
                  que a cada parte que vuelvo
                  los ojos allí parece
                  que le miro.

(Retíranse las dos a un retrete, que se fingirá con algunos lienzos. Salen
don Lope hijo y Vicente.)

Lope hijo	¿Qué es aquesto? ¡Cielos! ¿Cómo está este cuarto tan adornado y compuesto?
Vicente	La casa habemos errado; que en la de tu padre creo que apenas hay un candil.
Lope hijo	Detente.
Vicente	Ya me detengo.
Lope hijo	¿Ves una mujer...
Vicente	Y aun dos.
Lope hijo	...que con bizarro desprecio de las galas se despoja, como sobrados trofeos, como añadidos despojos de su hermosura, diciendo: «Mejor que Palas armada, desnuda avasalla Venus.»
Vicente	Ya lo veo, y si esto dura, de aquí a un poquito tendremos lindo rato.
Lope hijo	¿Quién será?
Vicente	Mi madre será, supuesto que no es la tuya.
Lope hijo	Turbado

a verla el rostro me atrevo.

Vicente   Yo también.

Lope hijo   Y a ver si oigo
lo que habla. Pisa más quedo.

Vicente   ¿Qué más quedo? Si pisara
las gradas de un monumento,
aun no ajara los velillos.

Elvira   Notable es tu sentimiento.

Violante   En fin, está tan conmigo
y tan presente le tengo
—iválgame el cielo!— que allí
jurara que le estoy viendo.

Elvira   No te sacaran los dientes
por el falso juramento;
que yo también lo jurara.

Vicente   Dimos con todo en el suelo.

Lope hijo   Esta es la dama que vi.
(Llega don Lope hijo.)Decidme, prodigio bello,
decidme, hermoso milagro...

Violante   Sombra de mi pensamiento,
ilusión de mi sentido,
alma de mi devaneo,
cuerpo de mi fantasía,
voz de mi idea, que siendo
idea, ilusión y sombra,

43

fantasía y fingimiento,
sin voz, sin cuerpo y sin alma,
tienes alma, voz y cuerpo:
¿cómo aquí dentro has entrado?

Lope hijo   Hermosísimo portento,
en quien hace vivamente
la imaginación efecto,
no me ganéis vos de mano
en la duda que padezco,
pues con más causa os pregunto
yo: ¿qué hacéis vos aquí dentro?

Violante   Yo en mi casa estoy.

Lope hijo   Yo y todo.
Pues si aquí entré...

Violante   Oír no quiero.

(A Elvira.)

Lope hijo   Porque se asegure ella,
oídme.

Elvira   Pues yo ¿a qué efecto?
Apareceos a mi ama,
fantástico bandolero,
pues ella es la enamorada;
pero a mí, si yo no os quiero,
¿a qué propósito?

Lope hijo   Ved
que os engaña el temor vuestro.

Hijo soy de aquesta casa,
a Blanca buscando vengo,
para decirla lo mismo
que sabéis; porque es mi intento
que el favor me solicite
que me ha ofrecido don Mendo.
En aqueste cuarto entré
con la llave que de él tengo,
harto desimaginado
de hallaros en él; y puesto
que os restauro de un asombro,
restauradme vos del mesmo,
desengañándome, cómo
en este cuarto os encuentro.

Violante

Lo que me decís sabía
yo, mas llevóme primero
lo que estaba imaginando,
que lo que estaba sabiendo;
y aun con ver el desengaño,
mal del susto convalezco;
pues si un miedo me quitáis,
me dejáis con otro miedo.
El que fingido me disteis
me estáis dando verdadero;
porque, verdad o ilusión,
de todas suertes os tiemblo.
En aquesta casa vivo;
los criados, que vinieron
adelante, la tomaron;
vuestro padre, a lo que entiendo,
vive en otro cuarto de ella;
si a él buscáis, idos, os ruego,
y débaos yo en esta parte

la fineza de volveros.

Lope hijo   Aunque de vuestra hermosura
idólatra me confieso,
es con tan sagrado amor,
es con tan cortés respeto,
con tan ajena esperanza,
con tan noble rendimiento
que la fe con que os adoro
es con la que os obedezco.
Quedad con Dios, y entended
que sois el primer sujeto
que corrigió mi albedrío
y enfrenó mi atrevimiento.

Violante   Id con Dios, y entended vos
que la fineza agradezco,
y el primero sois también
que me ha debido un afecto.

Lope hijo   ¡Ah quién supiera pagarle
de su misma vida a precio!

Violante   ¿Queréis pagarle, don Lope?

Lope hijo   Sí.

Violante   Pues idos, y sea presto.

Lope hijo   Yo lo haré. Vamos, Vicente.

Vicente   Vete tú, si eres tan necio;
yo me quedo acá esta noche.

Violante (Aparte.)   (¿Qué pasión es ésta, cielos...)

Lope hijo (Aparte.)   (¡Cielos! ¿Qué hermosura es ésta...)

Violante (Aparte.)   (...que enamora sin deseo?)

Lope hijo (Aparte.)   (...que inclina sin apetito?)

Violante   Id con Dios.

Lope hijo   Guárdeos el cielo.

Fin de la primera jornada

Jornada segunda

(Salen don Lope hijo y Vicente vestidos de camino, y por otra parte doña Blanca, don Lope padre y Beatriz.)

Lope hijo
      Una y mil veces el día,
señor, venturoso sea
en que llegar a tus plantas
humilde mi amor merezca.

Lope padre
      Álzate, Lope, del suelo,
y tan bien venido seas
como has sido de tus padres
deseado.

Lope hijo
      Sin que me ofrezcas
tu mano a besar, no es justo
levantarme de la tierra.

Lope padre
      Toma. Dios te haga tan bueno
como yo le pido. Llega,
besa la mano a tu madre.

Lope hijo
      Con temor y con vergüenza
llego, señora, a tus ojos,
por tantas lágrimas tiernas
como les debo.

Blanca
      No solo
aquéllas, Lope, me cuestas,
pero éstas también; si bien
son con una diferencia;
que aquéllas lloró el pesar
y llora el placer aquéstas.

Tú seas muy bien venido.

Vicente   ¿Darásele ahora licencia
a un ermitaño del diablo,
que ha vivido entre dos peñas,
haciendo en servicio suyo
muchísima penitencia,
para llegar a besar
tu mano?

Lope padre   ¡Qué buena pieza!
¿Vos también venís?

Vicente   Si soy
el cojín de esta maleta,
la silla de este cojín,
y de esta silla la bestia,
¿no era preciso, señor,
que donde viniere venga?

Lope padre   Con tan buena compañía
segura traerá la enmienda.

Vicente   ¿Ves que te parece mala?
Pues ¡por Cristo, que no es buena!

Lope padre   No juréis.

Vicente   Rezagos son
que me han sobrado de aquella
mala vida. Vos, señora,
permitidme que me atreva,
si no a besaros la mano,
a besar la feliz tierra

que pisáis.

Blanca
                    Alza del suelo;
que es justo que te agradezca
la lealtad que con don Lope
tienes, pues que no le dejas
en ningún trabajo.

Vicente
                    Soy
criado adquirido ad perpetuam
rei memoriam.

Beatriz
                    ¿Mi señor
vino ya?

(A Blanca.)

                    Pues aunque sea
delante de ti, he de darle
un abrazo en mi conciencia.

Lope hijo   Guárdete el cielo, Beatriz.

Lope padre   Todos de verte se alegran,
pero más que todos yo;
y pues ya ir a ver es fuerza
a don Mendo, y darle gracias
del cuidado y la fineza
con que acudió a tu perdón,
Beatriz, a su cuarto llega;
mira lo que hace, y en tanto
quiero, Lope, que me atiendas.

(Vase Beatriz.)

Vicente (Aparte.)   (Plática espiritual
tenemos.)

Lope hijo (Aparte.)   (Calla, y paciencia,
pues ya sabes que venimos
a escuchar impertinencias.)

Lope padre   Lope, ya ves el estado
en que estamos; nuestra hacienda,
que es lo de menos, está
toda empeñada y deshecha.
Estefanía, la dama
que tantos sustos nos cuesta,
está en un convento; yo
la he dado el dote y la renta.
Sabe Dios si, por poder
hacerlo y cumplir con ella,
poco menos he quedado
que a pedir de puerta en puerta.
En fin, hijo, tú estás hoy,
por la piadosa nobleza
de don Mendo, perdonado;
con que parece que cesa
ya todo lo padecido.
Lo que rogarte quisiera,
con lágrimas en los ojos,
con suspiros en la lengua,
y aun de rodillas, si a esto
dieren mis canas licencia,
es, Lope, que desde hoy haya
en tu vida alguna enmienda.
Restauremos lo perdido
de la opinión, y parezca

que a quien tiene entendimiento
los trabajos le escarmientan.
Hijo, seamos amigos,
y no haya más competencias
de amor ni de odio en los dos.
Vivamos en blanda y quieta
paz, haciendo de su parte
cada uno lo que pueda.
Yo de la mía pondré
mi amor, regalo y terneza;
pon tú de la tuya, Lope,
solamente una obediencia.
Tu padre es quien te lo pide.
Y al fin, Lope, considera
que no hay siempre un valedor;
y aun podría ser que venga
tiempo en que este amor y aquellos
favores, si los desprecias,
convertidos en venganzas,
contra tu vida se vuelvan.

Vicente (Aparte.)   («Aquí gracia y después gloria»
                         faltó para ser entera
                         la tal plática.)

Lope hijo   Señor,
                palabra doy de que veas
                desde hoy en mis costumbres
                enmienda tal que agradezca
                a mis pasadas fortunas
                el conocimiento de ellas.

(Salen don Mendo y Beatriz.)

Mendo
Y yo salgo por fiador
de una tan justa promesa.

Lope padre
Señor...

Mendo
Viendo que querías
pasar a verme, no fuera
justo que yo no ganara
de mano a esa diligencia.

Lope padre
No solo hacéis las mercedes,
mas las hacéis de manera
que ya más que hacerlas viene
a ser el modo de hacerlas.

Lope hijo
Dame tu mano, señor,
y plegue a Dios que te veas
tan glorioso en la privanza
del rey que la envidia fiera,
basilisco de palacio,
tu nombre ignore, y le sepa
la aclamación que le escriba
en láminas de oro eternas.

Mendo
Dame los brazos, y no,
don Lope, así me agadrezcas
lo que aun no he hecho por ti;
que bien mi valor se acuerda
que te debe honor y vida,
y un perdón solo no es prenda
que pueda satisfacer
el crédito de dos deudas.

Blanca
¡Plegue a Dios, señor, que el cielo...!

Mendo	Nada, Blanca, me encarezca
	la voz; el silencio solo
	en vos ha de hablarme.
Blanca	Esa
	es la merced que os estimo
	más que todas, pues con ella
	me dejáis desempeñada
	de una continua vergüenza.
Mendo	Ahora bien, quedad con Dios;
	que Su Majestad me espera.
Lope padre	Y a mí un negocio me aguarda.
Lope hijo	Yo dividirme quisiera
	por ir a los dos sirviendo;
	mas, ya que elegir es fuerza,
	para que os asista a vos
	dará mi padre licencia.
Lope padre	Sí doy, y con harta envidia
	de ver elección tan cuerda.

(Vase don Lope padre.)

Mendo	Y yo lo acepto, no tanto,
	don Lope, porque lo sea,
	cuanto porque, yendo ahora
	vos conmigo, es cosa cierta
	que me excusáis de quedarme
	yo con vos; pues de manera
	está el alma en vuestra vista

55

ufana, alegre y contenta,
que no quisiera apartaros
un punto de su presencia.

(Vanse don Mendo y don Lope hijo.)

Vicente   Beatriz, escucha.

Beatriz   ¿Qué quieres?

Vicente   Ya que los amos se ausentan,
¿no mereceré yo, por
recién venido siquiera,
algún abrazo traído?

Beatriz   Y aun sacado de la tienda
para ese efecto.

Vicente   ¡Ay, Beatriz,
qué de cuidados me cuestas!

Beatriz   Bueno es eso para haber
dos mil meses que te espera
mi amor, y no haber venido
a dar por acá una vuelta.

Vicente   ¿Cómo no? Pues ¿no venimos
mi amo y yo una noche de estas
pasadas, y nos entramos
como en nuestra casa mesma,
en el cuarto de don Mendo,
donde con Violante bella
a medio destocar dimos,
donde hubo el «detente, espera,

sombra, ilusión» con su poco
de desmayo y pataleta?

Beatriz   Calla, calla; no me cuentes
lancecitos de novela.

Vicente   ¡Pluguiera a mi Dios, Beatriz!
Pues con eso no estuviera
tal mi amo que no es
no-vela, sino sí-vela;
pues ni dormir ni comer
a ninguna hora me deja,
hablando siempre en si estaba
más hermosa, más perfecta
desmelenada que no
melenada su belleza.

Beatriz   ¿Eso tenemos ahora?

Vicente   Pues ¿y bien? ¿De qué te pesa
a ti?

Beatriz   De que, habiendo amor,
es preciso que tú seas
el «correveidile» de él;
y como vayas y vengas,
Elvira, que, a lo que he visto,
es su secretaria, es fuerza
que no pierda sus derechos.

Vicente   ¡Ay, Beatriz, y si tú vieras,
como yo, a la tal Elvira,
qué pocos celos te diera
su hermosura!

Beatriz   Pues ¿por qué?

Vicente   Porque es la sierpe lernea
en carne humana. Ella estaba,
como ya tan tarde era
y no esperaba visita,
quitada la cabellera.

Beatriz   [¿Cómo?] ¿Quitada?

Vicente   A cercén.

Beatriz   Luego ¿es calva?

Vicente   Calvatruena.
Fuera de esto, no tenía
tan cabal como debiera
del estuche de la boca
la necesaria herramienta.

Beatriz   ¿Aquella moza tan moza,
dientes postizos?

Vicente   Aquélla,
sin otras cosas que callo;
que no es de hombres de mis prendas
hablar mal de las mujeres,
ni han de perder por mi lengua
las doncellas su remedio.
Pero mi amo, como deja
ya en la carroza a don Mendo,
aquí vuelve.

Beatriz	Adiós te queda.
(Aparte.)	(¡Miren quién de aquella cara
	tales defectos creyera!
	¡Qué bien dicen que es la noche
	el toque de las bellezas!)

(Vase Beatriz. Sale don Lope hijo.)

Lope hijo	Vicente, ¿por dicha has visto
	en alguna desas rejas
	a Violante?
Vicente	No, señor;
	ni pienso que, aunque la viera,
	la conociera yo ahora.
Lope hijo	Como tuya es la respuesta.
Vicente	De lo que a mí no me incumbe
	no hago memoria; que fuera
	ser la memoria local.
Lope hijo	¿Posible es que olvidar puedas
	haberla visto el cabello,
	desmarañando las trenzas,
	dar al aire golfos de oro,
	tan al revés de otras selvas
	que allá es perlas cuanto corre
	sobre doradas arenas,
	y aquí, al derramar los rizos
	la inundación de sus hebras
	sobre su nevado cuello,
	es con tanta diferencia
	que corren arroyos de oro

sobre márgenes de perlas?
¿No te acuerdas?

Vicente   No, señor;
ni me acuerdo ni quisiera,
por no acordarme que vi,
si es que hemos de hablar de veras,
a Elvira a su lado, haciendo
ventaja, no competencia,
a su hermosura.

Lope hijo   ¡Qué loco!

Vicente   Pues ¿será la vez primera
que sea mejor la criada
que no el ama?

Lope hijo   ¡Oh, si pudiera
por alguna parte ver
a Violante!

Vicente   Considera,
señor, que hoy hemos venido
escapados de una y buena;
no nos metamos en otra
igual por Violante bella.

Lope hijo   A mi padre le he llevado
muy mal que me reprehenda.
Mira cómo llevaré
que lo hagas tú. ¡Bueno fuera
que mi gusto embarazara
ninguno! Pero ¿quién entra
allí?

Vicente   Don Guillén de Azagra

(Sale don Guillén.)

Lope hijo   ¿Qué dices? ¿No me pidieras
                      albricias? ¿En Zaragoza,
                      don Guillén?

Guillén   Y mal pudiera
                      sufrir, don Lope, un instante
                      el corazón más ausencias.
                      Apenas que habíais venido
                      supe cuando con presteza
                      os busqué, no para daros
                      una y muchas norabuenas,
                      sino para recibirlas
                      yo.

Lope hijo   Toda aquesa fineza,
                      don Guillén, es justamente
                      debida a la amistad nuestra.
                      Y por pagar en la misma
                      obligación esta deuda,
                      vos también seáis bien venido.

Guillén   No es posible que lo sea
                      quien viene tras un cuidado,
                      vivo el sentimiento y muerta
                      la esperanza.

Lope hijo   ¿De qué suerte?

Guillén   Ya os acordáis que a la guerra

de Nápoles me partí
tres años ha.

Lope hijo

                    Por más señas
me acuerdo de que los dos
nos despedimos en esa
plaza [de la Seo], con hartos
sentimientos y tristezas,
como adivinos entonces
de las notables tragedias
que habían de sucederme,
don Guillén, en vuestra ausencia.

Guillén

                    Todas las supe, y el cielo
sabe si sentí saberlas.
Pero vamos a las mías,
ya que cesaron las vuestras,
porque habéis, a lo que espero,
de ser el alivio de ellas.

Lope hijo

                    Vuestro soy, y no habrá cosa
que mi amistad no os ofrezca.

Guillén

                    Pasé a Nápoles, en fin,
donde nuestro rey intenta
vengar por armas la muerte
que dio con tanta fiereza
el de Nápoles al grande
[Conradino], hijo del César,
pues en público cadalso
le hizo cortar la cabeza.
Pero aquesto no es del caso;
volvamos a otra materia.
Entré en Nápoles un día,

donde vi una belleza
reducido el Sol a un rayo,
cifrado el cielo a una esfera,
a una lágrima la aurora
y a una flor la primavera.
De estos encarecimientos
llegaréis a la experiencia
cuando sepáis que a quien vi
dentro de Nápoles era...

Vicente   Doña Violante, señor.

Lope hijo   ¿Qué dices? ¡Maldito seas!

Vicente   ¿Por qué? ¿Digo yo más que
sale de su cuarto y entra
en éste y, al conocer
que hay gente aquí, da la vuelta?

Lope hijo   Retiraos, don Guillén,
un breve espacio ahí afuera;
no embarecemos el paso
a esta dama.

Guillén   Norabuena;
que yo tampoco no quiero
que ahora aquí hablaros me vea.

(Vase.)

Lope hijo   ¡Vive el cielo, que temí
que fuese la dama ella!

Vicente   Pues ¿podía yo saberlo?

Háblala antes que se vuelva.

(Salen doña Violante y Elvira.)

Lope hijo   ¿Por qué, señora, os volvéis?
                                       Advertid que es tiranía
                                       que los términos del día
                                       a solo un punto abreviéis;
                                       pues si ahora amanecéis
                                       Sol, en cuyo ardor me abraso,
                                       y volvéis atrás el paso,
                                       un caos formaréis, señora,
                                       de las luces de la aurora
                                       y las sombras del ocaso.
                                           No os vais; pasad adelante,
                                       sin que el mirarme os disguste;
                                       pues no hay temor que os asuste
                                       ni recelo que os espante.
                                       De día es, bella Violante;
                                       no de la noche valido
                                       a ofenderos he venido,
                                       sino la vida a ofreceros,
                                       viviendo por vos y a seros
                                       dos veces agradecido.

Violante   Es tan grande la aprehensión
                                       del miedo que ya os cobré
                                       que, aun viéndoos de día, no sé
                                       si sois verdad o ilusión,
                                       si bien en esta ocasión
                                       que a ver a Blanca venía,
                                       no, don Lope, me volvía
                                       por vos, sino porque vi
                                       no sé qué otra sombra aquí,

64

contra quien no vale el día.

Lope hijo

Un amigo mío, señora,
es con quien hablaba yo;
y, en viéndoos, se fue; por no
embarazaros ahora;
que el corazón que os adora
previno contra el desdén
vuestro esta ausencia, y fue bien,
porque yo os hablé.

(Hablan aparte doña Violante y Elvira.)

Violante

¡Ay de mí!
¿No era aquél don Guillén?

Elvira

Sí.

Violante

Pues él me habla en don Guillén.

Lope hijo

Y ya que a mi cuarto vais,
la ocasión no me neguéis
que vos misma me ofrecéis,
para que de mí os sirváis.

Violante

Esos extremos no hagáis;
quedaos.

Lope hijo

No será razón
la vida perder.

Violante

Pues ¿son
lo mismo ocasión y vida?

Lope hijo	Sí; pues no vuelve, perdida, jamás vida ni ocasión.
Violante	La que conmigo tenéis aprovechad; ya os escucho. ¿Qué queréis decir?
Lope hijo	Lo mucho que a una memoria debéis.
Violante	¿Tercero suyo os hacéis?
Lope hijo	No me atrevo a ser primero; y así hablo por tercero; que se declara mejor en amaros el temor.
Violante	Pues siendo así, yo no quiero oíros; porque sepáis cuánto el escuchar me pesa atrevimientos de aquesa memoria de quien me habláis. Os engañáis si pensáis que es medio de conseguir agrados míos venir a declarármelos vos. Esto le decid; y adiós.
Lope hijo	Advertid...
Violante	No os he de oír.

(Vase.)

Lope hijo (Aparte.)   (Entendió cómo quería
                             irme a declarar con ella
                             y, tan cuerda como bella,
                             de la misma industria mía
                             se valió su tiranía,
                             para darme el desengaño.
                             Iré fingiendo mi daño.)
                             Si aquí don Guillén volviere,
                             dile que un punto me espere.

(Vase.)

Vicente   ¡Seora Elvira!

Elvira   ¿Seor picaño?

Vicente   No se espante uced de ver
                             de día esta facha mía.

Elvira   Es para espantar de día,
                             como de noche.

Vicente   Un placer
                             solo, Elvira, me has de hacer.

Elvira   Cuál es el placer me di.

Vicente   Perder el juicio por mí;
                             que yo a señoras tan mías
                             nunca pido gullorías.

Elvira   Cierto que lo hiciera así,
                             a no saber los extremos
                             con que a Beatriz quiere bien

el señor Vicente.

Vicente
	                    ¿A quién?

Elvira
	        A Beatriz; que las que vemos
de afuera el lance entendemos.

Vicente
	        ¿Yo a Beatriz? Si tú supieras
quién es Beatriz, no creyeras
tal.

Elvira
	        ¿Por qué?

Vicente
	                Porque no dudo
que en Libia o Hircania pudo
ser molde de vaciar fieras.
	        ¿Ves todo aquel exterior
boato con que brilla? Pues
hablada de cerca, es
pestilencial el olor
de su boca. Y lo peor
no es esto, con ser tan malo.
Cosas hay que no señalo,
—porque a mujeres no enojo—
mas tiene de vidrio un ojo
y la una pierna de palo.

Elvira
	                Mientes; que no puede ser.

Vicente
	        Mírala tú con cuidado;
verásla ranquear de un lado,
y de otro lado no ver.

(Sale don Guillén.)

68

Guillén (Aparte.)   (Si pasó, vuelvo a saber,
                            Violante ya, y si quedó
                            aquí don Lope; que no
                            descansa la pena mía.)

(Sale don Lope hijo.)

Lope hijo (Aparte.)   (Pues Violante en compañía
                            ya de mi madre quedó,
                               a buscar a don Guillén
                            vengo.)

Elvira   Ya vuelven los dos.

Vicente   Luego hablaremos.

Elvira   Adiós.
(Aparte.)   (De cuantos a Beatriz ven,
                            ¿quién habrá en el mundo, quién,
                            que tal llegue a presumir?)

(Vase.)

Lope hijo   Perdonadme que, por ir
                            con Violante, me he tardado.

Guillén   Vos estáis bien disculpado.

Lope hijo   Y vos podéis proseguir.

Guillén   ¿En qué quedamos?

Lope hijo   En que,

las treguas efectuadas,
en Nápoles, don Guillén,
visteis una hermosa dama.

Guillén   Dejé de decir entonces,
don Lope, una circunstancia
que ahora es preciso diga.

Lope hijo   ¿Cuál es?

Guillén   Prevenir que estaba
por embajador en Roma,
a ocasión que se trataban
las treguas, don Mendo, a quien
el rey don Pedro le manda,
por la experiencia que tienen
en tales casos sus canas,
como quien más de veinte años
ha asistido a Roma y Francia,
que para ajustar los medios
al punto a Nápoles parta;
con que entiendo que os he dicho
de una vez quién es la dama;
porque deciros que fue
don Mendo con esta causa
a Nápoles, que vi en ella
una hermosura gallarda,
que he venido a Zaragoza,
traído de esta esperanza
más que de mis pretensiones,
y, viviendo en vuestra casa,
decir que os he menester
para alivio de mis ansias,
bien da a entender que Violante

es la deidad soberana
a cuyo sagrado culto
fueron en sus limpias aras,
si la vida ofrenda poca,
víctima no mucha el alma.

Vicente (Aparte.)   (¡Muy buena hacienda hemos hecho!
¿Qué va que, antes que se vaya
de aquí, le damos con algo?)

Lope hijo (Aparte.)   (¿Quién vio confusiones tantas?
Mas disimulemos, celos;
y aunque es la copa penada,
apuremos de una vez
todo el veneno que falta.)
Con menos digno sujeto
que Violante, cosa es clara,
que desempeñarais mal,
don Guillén, sus alabanzas.
Decidme, ¿en qué estado estáis
con ella, para que haga
yo luego lo que me toca?

Guillén   Solamente dos palabras
dirán en qué estado estoy.

Lope hijo   ¿Qué son?

Guillén   Amor y desgracia.
Quiero, y quiero aborrecido.

Vicente (Aparte.)   (Malo es esto, pero ¡vaya!)

Guillén   Sabiendo, pues, que venía

a Zaragoza, di traza
de seguirla, donde espero,
con vuestra ayuda, obligarla;
porque viviendo, don Lope,
ella en vuestra misma casa,
no solo podré, buscándoos,
verla alguna vez y hablarla,
pero pediros podré
que vos la habléis en mis ansias.
No perdamos la ocasión,
Lope, de que, cuando salga
de la visita, busquéis
algún modo con que darla
un papel mío; que yo
no quise por esta causa
que me viera, sin estar
de mi venida avisada,
no hiciera la novedad
de la fineza venganza.
El papel escribiré
en la primer parte que haya
ocasión, pues que no puedo
entrar ahora en vuestra sala.
Al punto vuelvo, don Lope;
esperadme que le traiga.

(Vase.)

Vicente   Señor, adiós.

Guillén   ¿Dónde vas?

Vicente   ¿Dónde he de ir? A la montaña
a esperarte; que ya sé

que has de ir allá.

Lope hijo   No te vayas;
que estimo mucho a Violante;
y aunque él me ofende en amarla,
el amarla yo también
mis acciones embaraza
de suerte que hoy me reporta
con lo mismo que me agravia.
Suframos algo una vez
y demos, Vicente, traza
como, sin que a rompimiento
llegue aqueste lance, haya
modo de salir bien de él.

Vicente   ¡Cuánto estimo que te valgas
hoy, señor, de la cordura!
Yo sé un modo.

Lope hijo   ¿Qué es?

Vicente   Dejarla
tú, que estás en los principios
de tu amor.

Lope hijo   Si [yo] me hallara
en disposición de hacerlo,
lo hiciera; mas será vana
diligencia; no podré.

Vicente   ¿Qué harás?

Lope hijo   No sé; pero aguarda,
que ya de mi cuarto sale.

Vicente   ¡Breve visita!

Lope hijo   Antes larga;
                        pues en ese espacio breve
                        por mí tantos siglos pasan.

(Sale doña Violante.)

Violante   Señor don Lope, ¿aun aquí
                        todavía?

Lope hijo   No se aparta
                        fácilmente de su centro
                        cosa ninguna. Las aguas
                        van siempre buscando al mar
                        por dondequiera que vaga;
                        la piedra corre a la tierra,
                        de cualquier mano que salga;
                        el viento al viento se añade,
                        de cualquier parte que vaya;
                        y el fuego a su esfera sube,
                        de cualquier materia que arda.
                        Yo así, arroyo fugitivo,
                        al mar corro de mis ansias;
                        violenta piedra a la tierra,
                        de mis gravedades patria;
                        átomo alterado al viento,
                        región de mi esperanza;
                        y rayo, al fin, voy al fuego,
                        esfera de mis desgracias;
                        porque encendido, alterado,
                        errante o violento, vaya,
                        piedra, arroyo, átomo y rayo,

74

a tierra, mar, viento y llama.

Violante	Aunque esa filosofía es tan fácil, es tan clara que yo su razón entiendo, no de su razón la causa.
Lope hijo	Pues no es muy dificultosa; que todo el discurso pára en que tiene el centro suyo, donde asistís vos, el alma.
Violante	No conviene esa fineza, don Lope, con la pasada.
Lope hijo	¿Cómo?
Violante	Como habéis mudado el papel en esta farsa que, haciendo los terceros, hacéis los primeros.
Lope hijo	Basta que echáis menos que no os hable en ese estilo; pues salgan las voces del desengaño, rompiendo las sombras pardas, que hablaron en cifra entonces; que sabiendo que os agrada, haré cuidado el acaso; don Guillén, pues...

(Sale don Guillén al paño.)

Guillén (Aparte.)   (En mí habla.
A buena ocasión llegué.)

Lope hijo   ...viene a Aragón desde Italia,
girasol de vuestro amor,
siguiendo las luces claras
de tanto Sol, de quien es
humana racional planta.
Que os lo avise me ha mandado,
y que de mi parte haga
en que vos le oigáis.

Guillén (Aparte.)   (¡Qué amigo
tan leal, tan fino! ¡Mal haya
un hombre que hacia mí viene,
pues que de escuchar me aparta
la respuesta!)

(Vase.)

Violante   Mal, don Lope,
el segundo estilo os salva
de la culpa del primero;
y siendo ofensas tan claras
las dos, bien podré la una
perdonar, pero no entrambas.

Lope hijo   Sepa yo de cuál no quedo
absuelto, para excusarla;
que es mi deseo, señora,
enigma tan intrincada
que explicarla no sabré.

Violante   Pues yo sí sabré explicarla.

Responded a don Guillén
de mi parte que no haga
finezas por mí, pues sabe
cuánto han sido desdichadas
siempre conmigo, y que dé
al viento sus esperanzas.

Lope hijo   Y ¿a mí qué he de responderme?

Violante   Respóndaos vuestra ignorancia
Si la culpa es una misma,
si uno mismo es de la causa
el juez, y os dice que al otro
esto digáis, cosa es clara...

Lope hijo   ¿Qué?

Violante   ...que os quiere dar a vos
sentencia a aquélla contraria;
porque si hubiera de ser
una misma, no apartara
las respuestas, pues con una
se hubiera servido de ambas.

Lope hijo   ¡Eso sí! Pendiente tuve,
hasta explicaros, el alma.

(Sale don Guillén al paño.)

Guillén   Ya pasó el hombre, ya puedo
ver lo que responde.

Violante   Basta
que esto por ahora os diga,

si ya no queréis que añada,
don Lope, que, aunque fui un tiempo
diamante, bronce y estatua
que a buril, lima y acero
resiste, defiende y gasta,
todo al fin se da a partido;
pues el diamente se labra,
el bronce se facilita,
y los mármoles se ablandan.

Guillén (Aparte.)   (¡Albricias, cielos! Violante,
más apacible y humana,
hablándola en mí, responde.)

Lope hijo   Mil veces tus manos blancas
por tantos favores beso.

Guillén   ¡Qué fiel amigo! ¡Que haga
extremos, como si él fuera
el favorecido!

Lope hijo   Y rara
fuera mi dicha, señora,
si ese favor afianzara
alguna prenda que fuera
testigo de dichas tantas.

Violante   Tomad, don Lope, esta flor;
ella por testigo vaya
de mi esperanza, pues es
del color de mi esperanza.

(Vase.)

Lope hijo	Vivirá eterna en su lustre,
	sin que se atrevan a ajarla,
	ni los rencores del cierzo,
	ni del ábrego las sañas.
	¡Oh felice quien la lleva!

(Sale don Guillén.)

Guillén	Más felice quien la aguarda,
	por ser ella quien la envía
	y por ser vos quien la traiga.
	Antes que me la entreguéis,
	me he de arrojar a esas plantas...

(Don Guillén, de rodillas ante don Lope hijo.)

| Vicente (Aparte.) | (¡Muy bien despachado viene!) |

Guillén	...porque reverencia tanta
	os es dos veces debida;
	una, Lope, por tan rara
	amistad, y otra, porqué
	así me halle esa esmeralda,
	que con menos rendimiento
	no me atreveré a tocarla.

Lope hijo	Alzad, don Guillén; que si esas
	extremos la color causa
	de esta verde flor, por serlo,
	está sujeta a mudanzas.

| Guillén | ¿Qué es lo que decís? |

| Vicente (Aparte.) | (¿Qué va |

que por esta flor se canta
que, «siendo verde, trocó
en celos sus esperanzas»?)

Lope hijo   Digo que, aunque es de Violante
y aunque en mi mano se halla,
no viene a vos.

Guillén   ¿Yo no oí
en mis finezas hablarla
vos mismo?

Lope hijo   Sí.

Guillén   Y luego, aunque
un criado que pasaba
me apartó, ¿no escuché —¡cielos!—
que, menos fiera e ingrata,
enviaba por testigo
de que mármoles se gastan,
de que montañas se mudan,
de que diamantes se labran
esa flor?

Lope hijo   La vez primera
ha sido que sus desgracias
no escuche el que escucha.

Guillén   ¿Cómo?

Lope hijo   Como, la razón cortada,
si oís lo que os está bien,
lo que os está mal os falta.
Lo que Violante os responde

es que vuestro amor la cansa.

Guillén   Pues ¿a quién Violante dice,
                                 cuando con vos en mí habla.
                                 que ya es menos fiera?

Lope hijo   A mí.

Vicente (Aparte.)   (¡Arrojóse con la carga!)

Guillén   ¿A vos?

Lope hijo   Sí.

Guillén   Mirad, don Lope,
                                 que, siendo aquesas palabras
                                 vuestras, ponéis mi amistad
                                 en ocasión de dudarlas.

Lope hijo   Quien dude lo que yo diga,
                                 verá a qué se atreve.

Guillén   Basta
                                 el susto con que queréis
                                 que compre dicha tan alta,
                                 y dadme la flor.

Lope hijo   Es mía;
                                 y, siéndolo, no he de darla.

Guillén   Es de quien es, y no es vuestra;
                                 y, siéndolo, he de cobrarla.

Lope hijo   Pues mirad cómo ha de ser.

Guillén   Saliendo de vuestra casa
y llevándola con vos,
adonde amistad tan falsa
castigar sabré, y vengar
mis celos a cuchilladas.

(Vase.)

Lope hijo   Pues guiad vos, que ya os sigo.

(Salen doña Violante y doña Blanca, por dos lados.)

Violante   Don Lope, ¿qué es esto?

Lope hijo   Nada.

Vicente (Aparte.)   (Ha mucho que no reñimos.)

Blanca   A tus voces de esa cuadra
salí.

Violante   Yo también desotra.

Blanca   ¿Dónde vas?

Lope hijo   ¿Qué sé yo? ¡Aparta!

Violante   ¡Espera!

Lope hijo   Luego, señora,
vuelvo a ver lo que me mandas.

Blanca   ¿Qué es esto, Lope? ¿Tan presto

	ya en nuevos disgustos andas?
Vicente (Aparte.)	(Ha mucho que no reñimos.)
Violante (Aparte.)	¿Cuál es, don Lope, la causa del disgusto? (¡Muerta estoy!)
Lope hijo	Vuestro recelo os engaña, que yo ¿qué disgusto tengo?
Blanca	¿No ha de haber en esta casa una hora de paz contigo?
Lope hijo (Aparte.)	Pues ahora (¡pena rara!) ¿qué guerra te he dado yo?
Violante	Pues ¿qué tienes?
Blanca	Pues ¿qué trazas?
Vicente (Aparte.)	(Ha mucho que no reñimos.)

(Sale don Lope padre.)

Lope padre	Pues ¿qué es esto? ¿Tú en demandas y respuestas, descompuesto así con Violante y Blanca? ¿Qué ha sido?
Blanca (Aparte.)	Lope, señor... (¡Cielo, una industria me valga, con que su padre no entienda que ya en inquietudes anda!) Ha tenido con Vicente

un enfado; procuraba
castigarle, y las dos puestas
en medio...

Vicente (Aparte.)   (¡Mas que esto carga
sobre mí!)

Violante   ...que no le dé
estorbamos.

Lope padre   ¡Oh, qué extraña
es, Lope, tu condición!

Lope hijo   Señor, que no ha sido nada.

Vicente   ·   Pedíame cierta cuenta
de un dinero que le falta;
y sobre esto...

Lope hijo   Bien está;
idos, idos noramala.

Vicente   Para ti nunca hay razones.

(Vase.)

Lope padre   ¿Y por cosas tan livianas
vos no os reportáis delante
de Violante?

Lope hijo   No hay palabras
con que a ese cargo responda.
Y así, solo satisfaga
(Aparte.)   el silencio. (¡Oh, quién supiera

84

dónde don Guillén me aguarda!)

(Vase.)

Blanca   No le dejéis ir, señor.

Lope padre   Pues ¿no es mejor que se vaya
                              y nos deje? Perdonadle
                              vos, señora; que es tan rara
                              su cólera que ni a mí
                              ni a nadie respeto guarda.

Violante   Disculpado está conmigo.
(Aparte.)   (Y es que yo soy la culpada
                              solamente.)

Blanca (Aparte.)   (¡Ay, infelice!
                              Por donde más procuraba
                              embarazar que saliera,
                              le he dado la puerta franca.
                              ¿Qué he de hacer?)

Violante (Aparte.)   (Temiendo estoy
                              no suceda una desgracia.)

(Dentro ruido de espadas y dicen don Lope y don Guillén.)

Guillén   ¡De esta suerte se castigan,
                              traidor, amistades falsas!

Lope hijo   Sobre celos no hay traiciones.

Lope padre   ¿Qué es aquello?

(Salen Elvira y Beatriz.)

Elvira   Cuchilladas
              en la calle.

Beatriz   Mi señor
              es el que riñe. ¿Qué aguardas?
              Corre, señor; que es tu hijo.

Lope padre   Ya, Blanca, yo me espantaba
              que estuviese quieto un día.
              Présteme el amor sus alas,
              aunque en mi vida a sus cosas`
              he ido de tan mala gana.

(Vanse. Salen don Guillén y don Lope hijo riñendo, otros metiendo paz,
Vicente y don Lope padre.)

Lope padre   ¡Tente, Lope! ¡Don Guillén!

Uno   Ya que a este tiempo llegamos,
              ved que de por medio estamos.

Guillén   ¡Falso amigo!

Lope hijo   El falso es quien...

Lope padre   ¿Cómo, habiendo yo llegado,
              bárbaro, no te detienes?

Lope hijo   Por ver que a quitarme vienes
              el honor que no me has dado.

Lope padre   Lo menos, pluguiera a Dios,

tuvieras del que te di.
Y pues mis canas aquí
mi hijo no respeta, vos
  lo haced, señor don Guillén;
porque hallar en vos colijo
más respeto que en mi hijo.

Guillén
        Y habéis colegido bien;
  que esas canas respetando
a un tiempo, con los aceros
de aquestos dos caballeros
me reportaré, dejando
  la causa que me ha movido
a más secreto lugar.

Lope hijo
        Eso es querer disfrazar
el temor que me has tenido.

Guillén
            ¿Yo temor?

(Vuelven a reñir.)

Lope padre
              ¡Bárbaro, loco!
¿Cómo, viendo al llegar yo
cuánto él me respetó,
tú me respetas tan poco?
  ¡Vive Dios, de hacerte aquí
que de mi valor te espantes!

Lope hijo
        Tente, y mira no levantes
el báculo para mí;
  que ¡vive Dios, de poner
las manos en tu castigo!

Lope padre   ¿No te enseña tu enemigo,
ingrato, lo que has de hacer?

Lope hijo   No; que si él te ha respetado
de cobarde, yo no puedo
hacer virtud lo que es miedo.

Guillén   Quien dijere o ha pensado
que yo te he temido...

Lope padre   Habrá
mentido; yo lo diré,
no lo digáis vos.

Lope hijo   Si fue
de ti pronunciado ya,
en nombre suyo, ya aquí
verme importa satisfecho.
¡Toma, caduco!

(Dale un bofetón a su padre, y cae [éste].)

Vicente   ¿Qué has hecho?

Lope padre   ¡Caiga el cielo sobre ti!
A él hago testigo yo
que es su causa la primera.

Todos   Todos te ayudamos. ¡Muera
el que a su padre ofendió!

(Éntranse riñendo todos con don Lope hijo.)

Vicente   Yo solo confuso aquí

ni ofensa o defensa trato.
Señor, levanta.

Lope padre   ¡Hijo ingrato,
caiga el cielo sobre ti!
    ¡Esas espadas que van
vengando la ofensa mía,
rayos sean este día
contra tu vida! Y sí harán;
    que para ejemplo en los dos,
tú muriendo y yo llorando,
rayo es el acero, cuando
venga la causa de Dios.
    La mano que me pusiste
sobre aquesta blanca nieve
¿cómo a sustentar se atreve
agravios que al cielo hiciste?
    Y él, viendo mis desconsuelos
en tragedia tan extraña,
¿cómo sus luces no empaña,
cómo no rasga sus velos
    y con iras no deslumbra
el aire que te alimenta,
la tierra que te sustenta
y el resplandor que te alumbra?

Vicente   Señor, la capa y sombrero
toma; yo te la pondré,
y el báculo.

Lope padre   ¿Para qué,
si es de palo y no de acero?
    Mas yo le tomaré, sí;
que ofensas de un bofetón

palos quien las venga son;
y si él con un padre aquí
　　piadoso en el suelo está,
mejor yo, según colijo,
puedo estarlo con un hijo
tirano. El palo me da,
　　para vengarme con él.
Mas ¡ay de mí! que es en vano,
pues al tomarle en la mano
el pie me falta. ¡Oh cruel
　　Fortuna! ¡Oh desdicha fuerte!
¿Cómo me podré vengar
si aquél, que me ha de ayudar
a sustentarme, me advierte
　　que, armado en la tierra dura,
solo ha de irme aprovechando
de aldaba con que ir llamando
a mi misma sepultura?

Vicente　　　　　　　Repórtate; echa de ver
que en ti reparando va
toda la gente.

Lope padre　　　　　　　¿Pues ya
qué tengo yo que perder?
　　En mí adviertan todos, sí;
sepan que hombre infame soy,
pues a quien el ser le doy
me quita el honor a mí.
　　Hombres, miradme; yo he sido
aquel mísero infelice
que me ha deshecho quien hice
y, de mi sangre ofendido,
　　vengarme en mi sangre trato.

90

No solo al cielo, que fue
juez supremo, pediré
justicia de un hijo ingrato,
    pero a vosotros también,
y al rey pedírsela intento,
dando suspiros al viento.

Vicente   Considera que no es bien
                por las puertas de palacio
entrar de aquesa manera.

Lope padre   A las del cielo quisiera
vencer el inmenso espacio.
        ¡Rey don Pedro de Aragón,
cristiano monarca, a quien
llama el sabio justiciero
y el ignorante, cruel!

(Salen el Rey, don Mendo y criados.)

Rey   ¿Quién me llama?

Lope padre   Un desdichaco
que, arrojado a vuestros pies,
justicia, señor, os pide.

Rey   Ya os conozco, Lope; pues,
usando de mi piedad,
a vuestro hijo perdoné,
estando ya condenado.
¿Qué queréis?

Lope padre   Que no lo esté,
para que veáis, señor,

cuánto soy vasallo fiel;
que voz que os pidió piedad,
justicia os pide también.
Mi hijo, si es que es mi hijo
(Aparte.)   (perdone Blanca esta vez;
Blanca, con cuya virtud
aun no es puro el rosicler
del Sol, que al verla ha dejado
de lucir y parecer),
hoy contra Dios, vos y yo,
de Dios, de padre y de rey,
porque le reñí, faltando
al cuarto precepto qué,
tras los del culto de Dios
es el primero después,
puso en mi rostro la mano;
e imposible de tener
venganza, criminalmente
me querello ante vos de él;
pues cuando yo os la pedí
la piedad en vos hallé,
ahora que os pido justicia,
señor, no me la neguéis;
porque apelaré a los cielos
de vos a que me la den.
Vea el cielo y sepa el mundo
y escuchen los hombres qué
hijo que cruel procede
hace a su padre cruel.

(Vase.)

Rey   ¡Mendo!

Mendo   ¿Señor?

Rey   Pues que sois
                        mi Justicia Mayor, ved
                        que a vos esta causa os toca.
                        Mi autoridad, mi poder
                        empeñad en que se prenda
                        este hombre y, sin que lo esté,
                        a mis ojos no volváis.

Mendo   Al punto, señor, iré
                        a hacer cuantas diligencias
                        me sean posibles de hacer.

Rey   Mirad que me importa ya
                        más que presumís.

Mendo   ¿Por qué?

Rey   Porque me ha dado este caso
                        hoy que discurrir, al ver
                        que, en las pasadas edades,
                        no ha habido en el mundo rey
                        ante quien jamás se diese
                        igual querella.

(Vase.)

Mendo   ¿Qué haré?
                        Terrible imaginación,
                        ¿qué me quieres? Dejamé;
                        que yo te doy la palabra
                        de averiguar y saber
                        que ni aquél es hijo de éste,

ni éste es el padre de aquél.

Fin de la segunda jornada

Jornada tercera

(Salen don Mendo y gente con armas.)

Uno	Por esta parte, señor, que es por donde más brioso el Ebro corre, arrastrando de esos montes los arroyos, es por donde él escaparse intenta.
Mendo	Seguidle todos, examinando su espacio peña a peña y tronco a tronco.
(Vase la gente.)	¿Quién en el mundo se ha visto en empeño tan forzoso como yo? Pues voy buscando —iay infelice!— lo propio que hallar no quisiera, acción hija de los celos solos. Por una parte me manda el rey, severo o piadoso, que no vuelva a su presencia sin dejar —iterrible ahogo!— preso a don Lope; y por otra la deuda que reconozco, la inclinación que le tengo me están sirviendo de estorbo. Si le prendo, a mi amor falto; y si no le prendo, pongo la gracia del rey a riesgo. ¿Cómo podré —icielos!— cómo, entre obediencia y amor, cumplir a un tiempo con todo?

(Salen acuchillando a don Lope hijo, que trae sangriento el rostro.)

Lope hijo   Viéndome que es imposible
quedar con vida conozco;
mas para el precio en que tengo
de venderla aun sois muy pocos.

Mendo   No le matéis; que llevarle
(Aparte.)   vivo me importa. (¡Oh, si logro
prenderle aquí, porque pueda
mi discurso buscar modo
de salvar después su vida!)
¡Don Lope!

Lope hijo   Tu voz conozco
primero que tu semblante,
porque confuso y dudoso
me tienen tres veces ciego
la ira, la sangre y el polvo.
Y no sé si voz ha sido
para mí o trueno ruidoso,
que en su acento me dejó
helado, inmóvil y absorto.
¿Qué me quieres? ¿Qué me quieres?
Que tú solo, que tú solo,
don Mendo, has podido darme
más temores, más asombros,
con una voz que me has dado,
que con sus armas estotros.

Mendo   Lo que quiero es que la espada
rindas, y menos brioso
te des a prisión.

Lope hijo	¿Yo?
Mendo	Sí.
Lope hijo	Eso es muy dificultoso.
Mendo	Yo te ofrezco...

Lope hijo

                Yo lo creo,
señor, pero no lo otorgo;
que no he de darme a partido
al temor.

Mendo

          ¡Bárbaro, loco!
¿Qué intentas?

Lope hijo

            Morir matando.
Pero en vano lo propongo;
que contra ti no es posible
que yo me muestre animoso;
porque tiemblo si te miro,
me estremezco si te oigo,
en mis lágrimas me anego,
en mis suspiros me ahogo;
el cielo y la tierra, cuando
contra ti la espada tomo,
se me oscurecen y faltan.

Mendo

        Aquése es efecto propio
de la justicia, en quien Dios
puso el temor y el asombro
del delincuente.

Lope hijo   No es eso;
                       pues aunque me reconozco
                       delincuente, bien pudiera,
                       como herido can rabioso,
                       a cuantos vienen contigo
                       despedazar; mas tú solo
                       me pones miedo y respeto;
                       y así a tus plantas me postro.
                       Esta espada, rayo ardiente,
                       que desde la punta al pomo
                       sangrienta se vio en mi mano,
                       rendida a tus pies arrojo,
                       al mismo tiempo —iay de mí!—
                       que en ellos la boca pongo.

Mendo   Levanta, Lope; que el cielo
                       sabe bien que en tan penoso
                       trance, delincuente tú
                       y yo juez, tuviera a logro
                       trocar la suerte contigo;
                       pues me viera más dichoso,
                       tu peligro padeciendo,
                       que padeciendo mi asombro.
                       Pero no temas porqué
                       me muestre aquí riguroso
                       contigo, que importa hacerme
                       de parte de los enojos
                       del rey.

Lope hijo   Pues ¿el rey qué sabe
                       de mí ya?

Mendo   Tu padre propio
                       de ti le pidió justicia.

Lope hijo	A buscar mi espada torno.
Mendo	No la hallarás; que ya está en mi mano.
Lope hijo	¡Oh rigurosos cielos! Que, al mirarla en ella, tiemblo y me estremezco todo, como cuando vi un cuchillo. ¿Qué miedo es el que te cobro? ¿Qué temor el que te tengo? Cuando a mi padre no ignoro, si otra vez me desmintiera, que hiciera otra vez lo propio.
Mendo	¡Hola!
Uno	¿Señor?
Mendo	A don Lope con alguna capa el rostro le cubrid, y de esa suerte le llevad a un calabozo. Oye tú aparte.
Otro	¿Qué mandas?
Mendo	Que, para que el alboroto sea menos, por la puerta falsa de mi cuarto propio, que cae al campo, le dejes, sin que él sepa dónde o cómo; y haz que le curen en tanto

(Aparte.)

que de su prisión informo
yo al rey. (¿Qué pena, qué rabia,
qué dolor, qué ansia, qué enojo
es éste que acá en el alma
tan dueño de mí conozco?)

(Vanse. Sale el Rey.)

Rey

De don Mendo cuidadoso
estoy, por si ha ejecutado
lo que le tengo ordenado;
y hasta verlo no reposo.
    ¡Que un tirano proceder
de un hijo tan atrevido
a su padre haya ofendido,
sin que tema mi poder!
    El rigor de mi justicia
hoy ha de ver Aragón,
castigando la intención
de su soberbia y malicia.
    Esto a mi reino conviene.
¡Vive Dios, que han de ver hoy
si soy don Pedro o no soy!
Pero aquí don Mendo viene.

(Sale don Mendo.)

Mendo

Vuestra Majestad me dé,
señor, su mano a besar.

Rey

Los brazos debo yo dar
a quien de mi reino fue
    el Atlante, con quien hoy
parto la inmensa fatiga

de su pesadumbre.

Mendo
                    Diga
mi obediencia cuánto estoy,
   gran señor, reconocido
a la merced que me hacéis.

Rey
                    Pues a mis ojos volvéis,
no dudo que habréis prendido
   a don Lope.

Mendo
                    Sí, señor,
preso ya en mi casa queda,
porque nadie hablarle pueda.

Rey
                    Nunca me hicisteis mayor
   servicio; que solicito
conservar de justiciero
el nombre adquirido, y quiero
afianzarle en un delito
   tan extraño que otra vez
no sé si tuvo ejemplar.

Mendo
                    No ha de dejarse llevar
el que es soberano juez
   tanto de la información
primera; que, a lo que sé,
tan grave el cargo no fue
como fue la relación.

Rey
                    ¿No hay un hijo, Mendo, en ella,
que a su padre le maltrata?
¿Y no hay un padre que trata
de dar de su hijo querella?

¿Qué más grave puede ser?

Mendo
　　　　　Yo confieso que lo ha sido,
pero hasta ahora no has oído
descargo que puede haber
　de su parte.

Rey
　　　　　　Yo me holgara
que tantos, don Mendo, hubiera
que en mi reino no se diera
culpa tan nueva, tan rara,
　tan fea y tan singular
cometida.

Mendo
　　　　　Has de saber
que, aunque lo es, al parecer,
no llegada a averiguar,
　don Lope con don Guillén
de Azagra, señor, reñía.
No sé la causa que había,
mas preso queda también.
　Su padre a tiempo llegó
que advirtió que entre el reñir
le iba Azagra a desmentir;
y cuando ciego le vio,
　ya a la razón empeñado,
porque él no la dijera,
la pronunció; de manera
que el acento equivocado,
　sin saber cúyo había sido,
tiró a su competidor
el golpe, a tiempo, señor,
que su padre, introducido
　en medio, le recibió;

siendo así que él no tiraba
a su padre, claro estaba.
Don Lope, cuando se vio
   maltratado de su hijo,
con la cólera primera
llegó a tus pies; de manera
que estará, según colijo,
   arrepentido de haber
tomado tan mal consejo.
Él es en extremo viejo,
y bien su acción da a entender
   que es delirio de la edad
en querellarse ante ti
de su hijo; siendo así
que desde la antigüedad
   hay ley de que no sea oído,
por decretos naturales
en las causas criminales,
ni padre de hijo ofendido,
   ni hijo de padre, así yo
esto lo dejara aquí.

Rey   ¿Paréceos justo eso?

Mendo   Sí;

Rey   Pues a mí, don Mendo, no;
   porque, el delito extrañando,
la queja desconociendo,
ésta en el uno admitiendo,
la culpa en otro apurando,
   he de ver, haya o no agravio,
si es posible haber habido
ni un hijo tan atrevido,

ni un padre tan poco sabio.
  Y así, mientras esto pasa,
al padre prended, porqué
me importa a mí que no esté
aquesta noche en su casa.

Mendo   Yo lo haré.
(Vase el Rey.)   ¡Válgame el cielo!
Que no sé qué confusión
trae acá mi corazón;
que algún gran daño recelo.

(Vase. Salen doña Violante y Elvira.)

Elvira   ¿De qué nace tu dolor?

Violante   De un temor.

Elvira   ¿Y el temor, señora, injusto?

Violante   De un disgusto.

Elvira   ¿Qué es, en fin, tu desconsuelo?

Violante   Un recelo;
porque hoy ha dispuesto el cielo
que, a una tristeza rendida,
puedan quitarme la vida
temor, disgusto y recelo.

Elvira   ¿Quién embaraza tu dicha?

Violante   Mi desdicha.

Elvira	Pues ¿quién causa su rigor?
Violante	Mi amor.
Elvira	Dime lo que te importuna.
Violante	Mi fortuna. Y así, sin piedad alguna, no hallo alivio en mi pasión porque mis contrarios son desdicha, amor y fortuna.
Elvira	¿Quién alienta tu querella?
Violante	Mi estrella.
Elvira	Véncela con tu arrebol.
Violante	Es mi estrella todo el Sol.
Elvira	Su luz eclipsa importuna.
Violante	Está menguante mi Luna. Con que esperanza ninguna me ha quedado, pues ya vi conjurados contra mí la estrella, el Sol y la Luna.
Elvira	¿Qué te obliga a mal tan fuerte?
Violante	Ver mi muerte.
Elvira	Pues ¿quién tu muerte ha causado?

Violante	El fiero hado.
Elvira	Pierde, señora, el recelo.
Violante	Es contra el cielo. Y así para nada apelo, dejándome padecer; que no se pueden vencer la muerte, el hado y el cielo.
	Y no me preguntes más; pues habiendo, Elvira, visto
(Aparte.)	(¡qué mal el llanto resisto!) preso a don Lope, me estás matando tú en preguntarme de qué nace mi pasión, sabiendo que en su prisión están, si vuelvo a acordarme, temor, disgusto y recelo, desdicha, amor y fortuna, la estrella, el Sol y la Luna, la muerte, el hado y el cielo.
Elvira	El cuarto de mi señor, que por otra puerta abrieron, es adonde le trajeron.
Violante	¡Oh si pudiera mi amor hacer, Elvira, por él alguna grande fineza!
Elvira	¿Qué mayor que tu belleza sentir su pena cruel?
Violante	Mayor; pues viéndole estar

106

en suerte tan oprimida,
o me ha de costar la vida
o la vida le he de dar.
    Esto a mi pasión conviene.
La llave del cuarto muestra
de mi padre.

Elvira   La maestra
mi señor es quien la tiene;
    estotra ahí está.

Violante   Veré
si darle un aviso puedo,
ya que a mí me perdí el miedo
que a sus desdichas cobré.
    Quédate tú, Elvira, allí,
porque puedas avisar
si alguno vieres entrar.

(Vanse. Sale don Lope hijo.)

Lope hijo   ¡Ay infelice de mí!
    ¿Qué prisión, cielos, es ésta
donde ciego me han traído?
¡Ay, Violante, cuánto ha sido
lo que tu beldad me cuesta!
Y aun lo poco que me resta
del vivir, viéndome así,
por ti lo siento; que aquí
perder no me da pesar
la vida, sino el pensar
que te he de perder a ti.

(Abre una puerta doña Violante, y sale.)

Violante (Aparte.)   (El rostro en sangre bañado
está, al parecer herido.)
¡Ah, don Lope!

Lope hijo   ¿Quién ha sido
quien mi nombre ha pronunciado?
¿Quién del que es tan desdichado
no se desdeña y olvida?

Violante   Quien, de ti compadecida,
su sentimiento te advierte.

Lope hijo   Viva sombra de mi muerte,
muerta imagen de mi vida,
cuerpo de mi pensamiento,
alma de mi fantasía,
retrato que la fe mía
ha dibujado en el viento,
formada voz de mi acento,
no me atormentes atroz,
desvaneciendo veloz
cuerpo, alma y voz.

Violante   Mal pudiera
si yo ilusión, Lope, fuera,
tener alma, cuerpo y voz.

Lope hijo   Es verdad; pero creyendo,
conmigo acá vacilando,
que ahora estaba soñando,
aun dudo lo que estoy viendo.

Violante   De tu pasión obligada,

de tu pena enternecida,
a tu amor agradecida,
y en tu delito culpada,
vengo, sin mirar en nada,
a decirte que esta puerta
tendrás esta noche abierta,
por donde escapar podrás
la vida. ¿Quién vio jamás
dar vida después de muerta?

Lope hijo   Una planta oí que nace
tan rara y tan exquisita
que, donde hay llaga, la quita,
y donde no la hay, la hace.
En ti, Violante, renace
su calidad repetida;
pues, siendo antes mi homicida,
ahora me amparas; de suerte
que, donde hay vida, das muerte,
y donde hay muerte, das vida.

Violante   También de dos peregrinas
yerbas oí que en sus senos
apartadas son venenos
y juntas son medicinas.
Y si en los dos imaginas
su efecto, verásle aquí;
tú mueres sin mí, sin ti
muero yo. Juntarnos quiera
amor, para que no muera
cada uno de por sí.
    De mi parte, habiendo oído
cuánto está el rey indignado
contigo, he determinado

hacer... Pero ¿qué ruido
oigo?

(Sale Elvira.)

Elvira   Tu padre ha venido.

Violante   Lope, adiós.

Lope hijo   ¿Volverás?

Violante   Sí,
para librarte.

Lope hijo   ¡Ay de mí!
Que no lo pregunto yo
por librarme a mí, sinó
por volver a verte a ti.

(Vase.)

Violante   Cierra, Elvira, aquesta puerta,
y ven conmigo volando;
porque no es bien que a las dos
halle mi padre en su cuarto.

Elvira   No tienes que darte prisa;
que, a lo que yo estoy mirando,
en el de Blanca, señora,
antes que en el suyo ha entrado.

Violante   Con todo, no me aseguro.
Llegaré allá, procurando
saber qué hay de nuevo en casa

de don Lope; porque cuanto
es atrevido un delito
es cobarde un sobresalto.

(Vase.)

Elvira   Ya cierro, y a saber voy
qué ha habido.

(Cierra la puerta. Sale Vicente.)

Vicente   ¡Válgate el diablo
por bofetón, por cachete,
por puñete, por porrazo,
por mojicón, por puñada,
por moquete o por sopapo!
¿Si hubiera más ruido hecho,
aunque se hubiera tocado
la campana de Velilla?

Elvira   Vicente, ¿qué vas pensando?

Vicente   Voy, Elvira, si te digo
la verdad, muy enfadado.

Elvira   ¿Con quién?

Elvira   Ahí que no es nada;
con todo el género humano,
con mis amos, mozo y viejo.

Elvira   ¿Por qué?

Vicente   Porque son mis amos,

cuanto a lo primero, y luego
porque son tan locos ambos
que uno da sin que le pidan,
y otro no calla, no dando;
siendo así que el que no da
no ha de despegar los labios,
y el que da, sea lo que fuere,
solo es quien puede hablar alto.
Voylo también con mi ama,
porque desde que oyó el caso,
aunque la «Salve» no rece,
está gimiendo y llorando.
Voylo con tu amo don Mendo
porque de hoy acá se ha dado
tanto a la contemplación
del devotísimo paso
del prendimiento que, siendo
su cofrade, en breve espacio
prendió a mi amo, a don Guillén,
y ahora, para enmendarlo,
prende al viejo. Y también voylo
con el rey.

Elvira   ¿Estás borracho?

Vicente   ¡Pluguiera a Dios!

Elvira   ¿Con el rey?

Vicente   Sí; porque, habiéndome dado
a mí dos mil bofetones,
ninguno tomó a su cargo;
y por uno, que a otro dieron,
se muestra tan indignado.

Que diz que echa por los ojos
basiliscos, sin milagros.
Y finalmente lo voy
contigo.

Elvira   Solo eso aguardo
a saber; ¿por qué conmigo?

Vicente   Porque, estándome adorando
con tus cinco mil sentidos,
ni una música me has dado,
ni me has escrito un papel,
ni me has tomado una mano.

Elvira   Ya te he dicho que Beatriz
es la que me lo ha estorbado.

Vicente   También te he dicho yo a ti
que no hay que hacer della caso.

Elvira   ¡Ay Vicente! Si eso fuera
verdad, te diera un abrazo.

Vicente   Dámele, con calidad
de quitármele en llegando
a imaginar que es mentira.

Elvira   Claro está que mi recato
de otra suerte no lo hiciera.

(Sale Beatriz.)

Beatriz   ¡Gloria a Dios, que en paz os hallo!

Vicente	¡Beatriz!
Elvira	Pues ¿qué importa?
Vicente	¿Qué? Tú lo verás de aquí a un rato.
Beatriz	Cepos quedos, reyes míos; no hay que fruncírseme entrambos; ni, pues que son mogiperros, se me hagan mogigatos; que ya lo he visto, y no importa; que para aquí es el adagio de que el zapato se calce otro, que yo me descalzo.
Elvira	Yo soy moza de obra prima, y de calzarme no trato de viejo, y más en su tienda, que hormas y pies son de un palo.
Vicente (Aparte.)	(¡Esto es hecho!)
Beatriz	¿Cómo es eso? ¿Soy yo hija del cosario Pie de Palo, por ventura?
Elvira	Algo deso hay.
Vicente (Aparte.)	(¡Esto es malo!)
Beatriz	Con estas manos que ve me vengara de ese agravio, si no viera que su moño

114

no la dolerá en mis manos.

Vicente (Aparte.)   (¡Declaróse!)

Elvira
                 Pues, ¿por dicha
es mi cabello prestado,
como el ojo izquierdo suyo,
que es de vidrio?

Beatriz   ¿Qué?

Vicente   Echo el fallo.
No se ha de hablar más en esto.

Elvira   ¿Cómo que no? En todo caso,
la puedo yo mostrar dientes.

Beatriz   Sí pienso que podrá, y hartos;
porque, aunque ya es más que niña
los tiene para mudarlos.

Elvira   ¿Estos son dientes postizos?

Beatriz   ¿Estos son ojos vidriados?

Elvira   ¿Este cabello es ajeno?

Beatriz   ¿Y éstas son piernas de palo?

Vicente   ¡Aguarda, no las enseñes!
¿No echas de ver dónde estamos?

Elvira   Este pícaro...

Beatriz	Este infame...
Elvira	Este vil...
Beatriz	Este picaño...
Elvira	...tiene la culpa.
Beatriz	Pues tenga

la pena.

(Péganle.)

Vicente	¡Damas, a espacio!
Elvira	Gente viene.
Beatriz	Pues dejemos

este negocio empezado.

Vicente	Luego ¿piensan acabarle?
Elvira	Y las dos ¿cómo quedamos?
Beatriz	Amigas.
Elvira	Adiós.
Beatriz	Adiós.

(Vanse las dos.)

Vicente ¿No es mejor, al diablo, al diablo
que os lleve, puercas, bribonas?

116

¡Qué diluvio de porrazos
ha venido sobre mí!
Y lo peor de este fracaso
no es sino que de todo esto
no se le da al rey un cuarto.

(Vase. Sale el Rey disfrazado, y doña Beatriz, queriéndole reconocer.)

Blanca   ¿Quién es, cielo, quien así,
                        cuando la noche cerrando
                        baja, se ha entrado hasta aquí?
                        Hombre, ¿qué vienes buscando?
                        ¿Tráesme más pesares? «Sí»
                          responderás, claro está;
                        que en casa de un afligido,
                        en quien no hay consuelo ya,
                        solamente la ha sabido
                        quien los pesares le da.
(Aparte.)   (El rostro y la voz esconde,
                        y callando me responde.)
                        Beatriz, saca una luz. ¡Cielo!
                        Viva estatua soy de hielo.

(Saca luces Beatriz.)

                        Hombre, ¿a qué has entrado donde
                          temor y asombro me das?

Rey   Queda sola, y lo sabrás.

Blanca   Nada temo; éntrate dentro.

(Toma la luz, y vase Beatriz.)

(Aparte.)   (Tantas más penas encuentro
cuantas voy dejando atrás.)
       ¿Aun no te descubres?

Rey   No,
hasta cerrar esta puerta.

(Cierra Blanca.)

Blanca (Aparte.)   (¿Quién mayor confusión vio?)
¡Hola!

Rey   No des voces.

Blanca (Aparte.)   (¡Muerta
estoy!) Pues ¿quién eres?

(Descúbrese el Rey.)

Rey   Yo.

Blanca   ¡Válgame el cielo! ¿Qué veo?

Rey   ¿Conocéisme?

Blanca   Sí, señor;
que en ningún embozo puede
andar disfrazado el Sol.
¿Vos en mi casa a estas horas?
¿En aquese traje vos
a buscarme? ¿Qué mandáis?
Que a vuestras plantas estoy.
Sacadme, por Dios, sacadme
de tan nueva confusión.

118

                Sepa yo si esta visita
                es castigo o es favor.

Rey   Ni es favor, Blanca, ni es
                castigo; es obligación
                de mi oficio; que el ser rey
                oficio es también.

Blanca   Señor,
                ¿y en qué obligación conmigo
                os pone el serlo?

Rey   El color
                cobrad, cobrad el aliento;
                sosegad el corazón;
                porque os he menester, Blanca,
                a vos muy dentro de vos.
                Vuestro hijo a vuestro esposo
                públicamente ofendió;
                vuestro esposo de vuestro hijo
                ante mí se querelló
                públicamente también;
                y en el repetido error
                de entrambos resulta, Blanca,
                la sospecha contra vos.
                Razón tenéis de turbaros,
                y tan sobrada razón,
                que es tan nueva diligencia
                aquésta, que no la vio
                otra vez en cuantos casos
                con rayos escribe el Sol.
                Mas yo he de saber si es cierto
                que pudo ser, que llegó
                de padre a hijo, de hijo a padre

a tanto la indignación
que uno ofenda, otro querelle;
y para poder mejor
saberlo, como a testigo,
vengo a examinaros yo.
Hablad conmigo, fiada
en la fe de ser quien soy,
de jamás no padezca
vuestra fama y opinión
el escrúpulo más leve.
Solos estamos los dos,
ni ha de haber otro instrumento
que mi oído y vuestra voz.
O si no, vive Dios, Blanca,
que hasta que llegue...

Blanca   Señor,
tened; no paséis tan presto
de la blandura al rigor,
de la piedad al enojo,
ni del agrado al furor;
que aunque es verdad que ha tenido
un secreto por prisión
el pecho, donde guardado
se ha conservado hasta hoy;
que aunque es verdad que propuse
guardarle, viendo que estoy
en la sospecha indiciada
de que me advertís, error
hiciera en no descubrirle;
que es tan noble mi ambición,
es tan mío mi respeto,
tan de mi esposo mi honor,
que no ha de dejar que cobre

fuerza esa imaginación.
Y así, por ella he de dar
aquesta satisfacción
a vos, al mundo y al cielo.
Oídme atento.

Rey   Ya lo estoy.

Blanca   Pobre fue mi padre, pero
tan noble que el mismo Sol,
menos puro, cotejaba
su esplendor con su esplendor.
Viendo, pues, que no podía
medir con igual acción
la calidad y la hacienda,
en tiernos años trató
casarme, siendo ellos solos
el dote que a Lope dio,
porque supliesen los suyos
el caudal con el amor.
En desiguales edades
casamos, en fin, los dos,
siendo en mi abril y su enero
él la nieve y yo la flor.
Sabe el cielo que le quise
más que al vivir, aunque no
lo merecí a sus despegos,
lo debí a su desamor;
porque él templado al antiguo
estilo, al moderno yo,
disonábamos al gusto,
pero no a la obligación.
Pareciéndome que fuera
bisagra de nuestro amor

un hijo, que estos extremos
ellos quien los ata son,
le deseé con tanto afecto
que Dios me le castigó
en no dármele; porqué,
como Él sabe lo mejor,
da a entender que todo y nada
se le ha de pedir a Dios.
Doblemos aquí la hoja,
dejando aparte, señor,
domésticos desagrados
que pasamos Lope y yo;
y vamos a que tenía
mi padre una hija menor,
a quien yo, para tener
en la áspera condición
de mi esposo algún consuelo,
algún alivio o favor,
la llevé a vivir conmigo.
De esta, pues, se enamoró
un caballero; y si algo
mi humildad os mereció,
sea no nombrarle, puesto
que para mi verdad no
importa, y hoy puede ser
de disgusto para vos.
Mas ¿qué digo? ¿En qué reparo?
Que en abono de mi honor
no he de dejar sospechoso
ni aun el indicio menor.
Don Mendo Torrellas fue
el que, viendo su pasión
desvalida de mi hermana,
de otro de casa buscó

medios que le introdujesen
de noche por un balcón
en su cuarto, donde es cierto
que la palabra la dio
de esposo, testigo el cielo;
cuya promesa creyó,
para que saliese dueño
el que había entrado ladrón.
Casóse después con otra;
que no hay hombre que, traidor,
no mire a la conveniencia
antes que a la obligación;
y dentro de pocos días
vuestro padre le envió
por embajador a Francia;
de suerte que se ausentó
sin saber más, que hasta aquí,
de lo que ahora resta. Yo,
viendo con poca salud
a mi hermana, y que un rigor
continuo la atormentaba,
quise saber la ocasión,
y con ruegos, con halagos
y con lágrimas, que son,
sobre la sangre, los más
fuertes conjuros de amor,
la obligué a que me dijera
lo que he dicho; y añadió
que tenía en sus entrañas
por testigo de su error
un áspid, alimentado
dos veces del corazón.
Era mi hermana, sentílo,
sin reñírselo, señor;

que es la reprehensión inútil
a lo hecho, y es rigor
que en quien buscaba un consuelo
hallase una reprehensión.
«¡Oh, válgame el cielo!» dije
una y mil veces. «¿Quién vio
que una misma causa tenga
desdichadas a las dos?
Pues lo que para mí fuera
la dicha y el bien mayor,
es desdicha para ti.»
Y discurriendo veloz
en esto, dando una y mil
vueltas la imaginación,
de su pena y de mi pena
mi industria sacar pensó
el secreto y el alivio
de ambas, trocando la acción,
la preñez ella ocultando
y publicándola yo.
Llegó de su parto el día.
¿Quién más nuevo caso vio
que una el dolor disimule
y que otra finja el dolor?
Supuesta otra enfermedad,
Laura del parto murió;
que no pudo de otra suerte
cumplir con su obligación.
Sola una matrona fue
cómplice de nuestro error;
que hasta hoy ninguno ha sabido,
ni se supiera desde hoy;
porque encerrado duraba
en bien segura prisión

si a tormentos de vergüenza
no la rompiérades vos.
Mi culpa, señor, es ésta.
Humilde a esos pies estoy;
padezca vuestros enojos
yo solamente, pues soy
en aquesta acción culpada.
Pero recibid, señor,
en cuenta de tanto engaño,
tener a mi esposo amor,
tener amor a mi hermana,
y juzgar que, entre los dos,
a uno a mi fe le traía,
y a otro llevaba a su honor.
Y finalmente, si habéis,
Pedro invicto de Aragón,
que llaman el justiciero,
[de] mostrar en mí lo sois,
ésta es mi vida; postrada
está a vuestras plantas. No
os pido me perdonéis,
solo os pido que el pregón
que os dé en mi justicia fama
sea, diciendo en alta voz
que engañé a mi esposo, que
al mundo engañé; mas no
que mi decoro ofendí,
que manché mi presunción,
que deslucí mi altivez,
que turbé mi pundonor,
que manché mi vanidad,
ni que ajé mi estimación;
porque en efecto los yerros
en mujeres como yo

pueden constar de un engaño,
pero de otra cosa no.

Rey (Aparte.)   (¡Oh cuánto estimo el haber
salido con la aprehensión
de que el que ofendió no es hijo
ni padre el que querelló!
Aunque mal en este caso
salí de una confusión,
pues me quedo con la misma,
añadidas otras dos.
Don Lope ofendió a su padre
en la pública opinión
de todo el pueblo; el secreto
no he de revelarle yo;
que importa oculto. Don Mendo
traidoramente burló
el honor de Laura muerta;
y Blanca en fin engañó
a su esposo; tres delitos
públicos y ocultos son.
Luego, aunque yo haya sabido
que no es su hijo, debo yo,
por Lope, por Blanca y Mendo,
y por mí, que soy quien soy,
dar a públicos delitos
pública satisfacción
y a los secretos secreta.)
Adiós, Blanca.

Blanca   Guárdeos Dios
los años que...

(Llaman a la puerta al ir a abrir el Rey.)

126

Rey   ¿Llaman?

Blanca   Sí.

Rey   Pues abrid la puerta vos,
                                     y a nadie que sea digáis
                                     que estoy aquí ni quién soy.

(Retírase.)

Blanca   ¿Quién llama?

Mendo (Dentro.)   Yo, Blanca.

(Abre Blanca. Sale don Mendo.)

Blanca   Pues,
(Aparte.)   ¿qué buscáis? (¡Qué confusión!)

Mendo   Venir a deciros solo
                                 que nada os cause temor
                                 de cuanto veis; pues, teniendo
                                 la causa en mis manos hoy,
                                 ¿quién se atreverá a decir
                                 lo que yo no quiera?

(Sale el Rey.)

Rey   Yo.

Mendo   Señor... vos... pues...

Rey   Bien está.

La llave de la prisión
en que tenéis a don Lope
me dad.

Mendo   Aquésta es, señor.
                              Mas sabed...

Rey   Ya lo sé todo.
                              Retiraos, Blanca, vos;
                              y vos, don Mendo, quedaos.

(Aparte.)   (Esta noche, ¡vive Dios!,
                              verá el mundo mi justicia.)

(Vase.)

Mendo   ¿Qué es esto, Blanca?

Blanca   Es tu error,
                              y es mi error también, que el cielo
                              hoy nos castiga a los dos.
                              Sigue al rey, piedad le pide,
                              Sabiendo —¡ay de mí!— que no
                              es mi hijo, que es de Laura
                              y tuyo.

Mendo   ¡Válgame Dios!
                              Él vivirá, aunque yo muera.

Blanca   ¡Muerta quedo!

Mendo   ¡Sin mí voy!

(Vanse. Salen Elvira y doña Violante.)

Elvira	Considera...
Violante	Esto ha de ser.
Elvira	Mira...
Violante	No hay que persuadirme.
Elvira	Advierte...
Violante	No hay que decirme.

Elvira

¿No echas, señora, de ver
que han de culpar que haya sido
tu padre quien le ha librado?

Violante

Cuando le juzguen culpado,
¿qué importa? Y pues no te pido
consejo, no me le des.
Llega y abre aquesa puerta.

Elvira

Sí haré, de temores muerta.
Pero gente hay dentro.

Violante

Pues
antes que nos resolvamos
a abrir, Elvira, escuchemos;
porque puede ser que erremos
el fin de lo que intentamos,
si acaso por la otra puerta
alguien entró a la prisión,
y se queda su intención
sin su efecto descubierta.
Pon en la llave el oído.

Mira qué oyes.

Elvira

                Nada puedo
entender, porque hablan quedo,
y solo a mí llega el ruido
   de la voz, sin las palabras.

Violante

           Quítate, llegaré yo
a ver si algo escucho... No;
pero para que no abras,
   el rumor bastante fue.
Mucha gente veo.

Elvira

                   Así
lo he sentido yo.

(Sale don Mendo.)

Mendo

                     ¡Ay de mí!

Violante

       Señor, ¿qué tienes?

Mendo

                   No sé;
  pero bien lo sé, mal digo;
que en efecto ¿mi pesar
con quién ha de descansar,
si no descansa contigo?
  ¡Con cuántas causas me aflijo!
Advierte; don Lope, pues
hijo de Blanca no es,
que es tu hermano y es mi hijo.

Violante

       ¿Qué dices? ¡Válgame el cielo!

Mendo	Que vengo determinado
	a perder vida y estado,
	privanza, honor y consuelo,
	por darle la libertad.
Violante	Sin saberlo yo, habían hecho
	sus desdichas en mi pecho
	aquesa misma piedad.
	Y pues el ruido que oí
	ya cesó en el aposento,
	yo abriré.
Mendo	Llega con tiento.

(Don Lope hijo dentro.)

Lope hijo	¡Ay infelice de mí!
Mendo	Justamente te estremeces
	a tan mísero gemido.
Violante	De turbada, no he podido
	abrir ya.
Lope hijo (Dentro.)	¡Jesús mil veces!
Mendo	Muestra la llave; que, aunque
	tanto este acento me turba,
	yo abriré.

(Dale la llave Violante.)

Violante	Toma; que yo,
	más que viva, estoy difunta.

(Llaman a las dos puertas de dos lados, por la parte de adentro.)

Mendo   A aquella puerta y a ésta
a un tiempo han llamado juntas.

Violante   ¿Quién será? ¡Válgame el cielo!

Mendo   Mientras que yo abro la una,
abre tú la otra.

(Llegan a abrir doña Violante y don Mendo las dos puertas. Salen, por la de Violante, doña Blanca y Beatriz y, por la otra, don Lope padre y Vicente.)

Lope padre   Don Mendo,
el rey me manda que acuda
a vos, a que me digáis
la sentencia que dio justa
en mi desagravio.

Blanca   Yo,
Violante, en vuestra hermosura
vengo a consolar mis penas
que anticipadas me asustan.

Vicente   Y yo, por hallarme en todo,
vengo siguiendo la chusma.

Mendo   El rey, Lope, no me ha dado
a mí sentencia ninguna...

Violante   Muy mal podrá, Blanca, daros
consuelos la que los busca.

Mendo

Si ya no es que la sentencia
en esta cuadra se oculta,
donde está preso don Lope.

(Abre la puerta, que será la de en medio del teatro, y se ve a don Lope hijo, como dado garrote, un papel en la mano, y luces a los lados.)

Mas ¿qué miro?

Blanca

¡Suerte injusta!

Violante

¡Qué desdicha!

Vicente

¡Qué tragedia!

Beatriz

¡Qué pena!

Elvira

¡Qué desventura!

Lope padre

Cuanto fue hasta aquí rencor
es ya lástima y angustia.

Mendo

Si el papel que está en su mano
es, Lope, el que el rey procura
que yo por sentencia os lea,
vedle vos; que a mí me turba
este horror tanto, que soy
una helada estatua muda.

(Aparte.)

(¡Ay hijo! Castigo ha sido
dilatado de mi culpa
hasta aquí. Pero estas voces
quédense en el alma ocultas.)

Blanca (Aparte.)

(De mi engaño el instrumento

para castigo me busca,
—¡ay de mí!— pero esta pena
secreta el alma la sufra.)

Lope padre   «Quien al que tuvo por padre
ofende, agravia e injuria,
muera; y véale morir
quien un limpio honor deslustra,
para que llore su muerte
también quien de engaños usa,
 juntando de tres delitos
las tres justicias en una.»

Todos   Y de los demás defectos
merezca el autor disculpa.

Fin de la comedia

Libros a la carta

A la carta es un servicio especializado para
empresas,
librerías,
bibliotecas,
editoriales
y centros de enseñanza;
y permite confeccionar libros que, por su formato y concepción, sirven a los propósitos más específicos de estas instituciones.

Las empresas nos encargan ediciones personalizadas para marketing editorial o para regalos institucionales. Y los interesados solicitan, a título personal, ediciones antiguas, o no disponibles en el mercado; y las acompañan con notas y comentarios críticos.

Las ediciones tienen como apoyo un libro de estilo con todo tipo de referencias sobre los criterios de tratamiento tipográfico aplicados a nuestros libros que puede ser consultado en Linkgua-ediciones.com.

Linkgua edita por encargo diferentes versiones de una misma obra con distintos tratamientos ortotipográficos (actualizaciones de carácter divulgativo de un clásico, o versiones estrictamente fieles a la edición original de referencia).

Este servicio de ediciones a la carta le permitirá, si usted se dedica a la enseñanza, tener una forma de hacer pública su interpretación de un texto y, sobre una versión digitalizada «base», usted podrá introducir interpretaciones del texto fuente. Es un tópico que los profesores denuncien en clase los desmanes de una edición, o vayan comentando errores de interpretación de un texto y esta es una solución útil a esa necesidad del mundo académico.

Asimismo publicamos de manera sistemática, en un mismo catálogo, tesis doctorales y actas de congresos académicos, que son distribuidas a través de nuestra Web.

El servicio de «libros a la carta» funciona de dos formas.

1. Tenemos un fondo de libros digitalizados que usted puede personalizar en tiradas de al menos cinco ejemplares. Estas personalizaciones pueden ser de todo tipo: añadir notas de clase para uso de un grupo de estudiantes,

introducir logos corporativos para uso con fines de marketing empresarial, etc. etc.

2. Buscamos libros descatalogados de otras editoriales y los reeditamos en tiradas cortas a petición de un cliente.

www.ingramcontent.com/pod-product-compliance
Lightning Source LLC
La Vergne TN
LVHW091222080426
835509LV00009B/1129